G. NAMPON
[illegible] de Mathématiques [illegible] Collège [illegible]

CENT PROBLÈMES
DE
GÉOMÉTRIE ET D'ALGÈBRE
DES EXAMENS DU
BREVET SUPÉRIEUR
AVEC SOLUTIONS

OUVRAGE COMPRENANT [illegible] FIGURES

PARIS
LIBRAIRIE HACHETTE ET Cie
[illegible] BOULEVARD SAINT-GERMAIN, [illegible]
19[illegible]

[illegible]

G. NAMPON

CENT PROBLÈMES
DE
GÉOMÉTRIE ET D'ALGÈBRE

BREVET SUPÉRIEUR

A LA MÊME LIBRAIRIE

64768. — Imprimerie Lahure, 9, rue de Fleurus, à Paris.

G. NAMPON
Professeur de Mathématiques au Collège Chaptal.

CENT PROBLÈMES
DE
GÉOMÉTRIE ET D'ALGÈBRE

DES EXAMENS DU
BREVET SUPÉRIEUR

AVEC SOLUTIONS

OUVRAGE COMPRENANT 107 FIGURES

PARIS
LIBRAIRIE HACHETTE ET Cie
79, BOULEVARD SAINT-GERMAIN, 79

1909

CENT PROBLÈMES DE GÉOMÉTRIE
ET D'ALGÈBRE

DONNÉS AUX EXAMENS DU

BREVET SUPÉRIEUR

1. — TRIANGLES SEMBLABLES ET TRIANGLES RECTANGLES

1. Énoncé. — Dans un triangle rectangle ABC, on donne l'hypoténuse $BC = a$ et le rapport m des côtés AB et AC.

1° Calculer à un centimètre près les côtés AB et AC, le rayon du cercle inscrit et le rayon du cercle tangent à l'hypoténuse et aux prolongements des deux côtés de l'angle droit (cercle ex-inscrit), dans le cas où $a = 8$ mètres et $m = \frac{2}{3}$.

2° Quand, l'hypoténuse BC restant fixe, le rapport m prend toutes les valeurs possibles, le sommet A décrit une demi-circonférence qui a BC pour diamètre; quelles sont les lignes que décrivent en même temps les centres O et O' des cercles inscrit et ex-inscrit? *(Aspirants, Toulouse.)*

Solution. — 1° Calcul des côtés :

Le triangle ABC étant rectangle, on peut écrire

$$\overline{AB}^2 + \overline{AC}^2 = \overline{BC}^2 = a^2.$$

Or, $$\frac{AB}{AC} = m, \quad \text{ou} \quad AB = m AC.$$

Donc $$m^2 \overline{AC}^2 + \overline{AC}^2 = a^2.$$

ou $$(m^2 + 1)\overline{AC}^2 = a^2.$$

On en déduit

$$AC = \frac{a}{\sqrt{m^2+1}}.$$

et par conséquent

$$AB = \frac{ma}{\sqrt{m^2+1}}.$$

2° Calcul du rayon du cercle inscrit :

Soient D, E et F les points de tangence du cercle inscrit. Le qua-

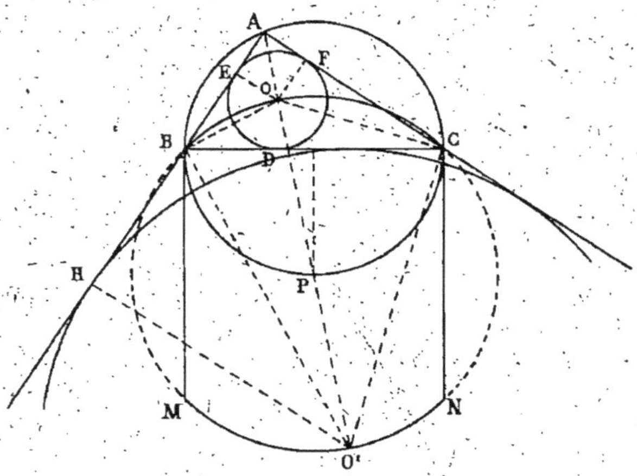

Fig. 1.

drilatère AEOF ayant ses angles droits et deux côtés consécutifs égaux (OE = OF) est un carré. On a donc

$$OE + OF = AE + AF.$$

Or,

$$BD = BE,$$

comme tangentes à une circonférence issues d'un même point, et de même

$$CD = CF.$$

En additionnant ces égalités membre à membre, on obtient

$$OE + OF + BD + CD = AE + AF + BE + CF$$

ou

$$2r + a = AB + AC,$$

en appelant r le rayon du cercle inscrit.

Or,
$$AB + AC = \frac{ma}{\sqrt{m^2+1}} + \frac{a}{\sqrt{m^2+1}}$$
$$= \frac{a(m+1)}{\sqrt{m^2+1}}.$$

On a donc
$$2r = \frac{a(m+1)}{\sqrt{m^2+1}} - a$$

ou
$$r = \frac{a(m+1) - a\sqrt{m^2+1}}{2\sqrt{m^2+1}}$$
$$= \frac{a\left(m+1-\sqrt{m^2+1}\right)}{2\sqrt{m^2+1}}.$$

3° Calcul du rayon du cercle ex-inscrit :

Soit H le point de contact du cercle ex-inscrit et du côté AB. Le triangle AO′H est rectangle et isocèle, puisque l'angle O′AH vaut 45 degrés. Donc
$$O'H = AH.$$

Or, on sait que la longueur de AH est égale au demi-périmètre du triangle ABC. Donc

$$O'H = \frac{1}{2}(BC + AB + AC)$$
$$= \frac{1}{2}\left(a + \frac{ma}{\sqrt{m^2+1}} + \frac{a}{\sqrt{m^2+1}}\right)$$
$$= \frac{a\sqrt{m^2+1} + ma + a}{2\sqrt{m^2+1}} = \frac{a\left(\sqrt{m^2+1} + m + 1\right)}{2\sqrt{m^2+1}}.$$

4° Application numérique :

Si $a = 8$ mètres et $m = \frac{2}{3}$,

on a
$$AC = \frac{8}{\sqrt{\frac{4}{9}+1}} = \frac{8 \times 3}{\sqrt{4+9}} = \frac{24\sqrt{13}}{13}$$

soit, en effectuant,

AC = 6^m,65 à 1 centimètre près par défaut.

$$AB = \frac{2}{3} \times \frac{24\sqrt{13}}{13} = \frac{16\sqrt{13}}{13},$$

ou, en effectuant,

$$AB = 4^m,43 \text{ à 1 centimètre près par défaut.}$$

$$r = \frac{8\left(\frac{2}{3}+1-\sqrt{\frac{4}{9}+1}\right)}{2\sqrt{\frac{4}{9}+1}} = \frac{4\left(\frac{5}{3}-\frac{\sqrt{13}}{3}\right)}{\frac{\sqrt{13}}{3}}$$

ou
$$r = \frac{4(5-\sqrt{13})}{\sqrt{13}} = \frac{4(5\sqrt{13}-13)}{13},$$

soit, en effectuant,

$$r = 1^m,55 \text{ à } 1^{cm} \text{ près, par excès.}$$

$$O'H = \frac{8\left(\sqrt{\frac{4}{9}+1}+\frac{2}{3}+1\right)}{2\sqrt{\frac{4}{9}+1}} = \frac{4\left(\frac{\sqrt{13}}{3}+\frac{5}{3}\right)}{\frac{\sqrt{13}}{3}}$$

ou
$$O'H = \frac{4(\sqrt{13}+5)}{\sqrt{13}} = \frac{4(13+5\sqrt{13})}{13},$$

soit, en effectuant,

$$O'H = 9^m,55 \text{ à } 1^{cm} \text{ près par excès.}$$

5° Ligne décrite par O :

Dans le triangle BOC, on a

$$\widehat{BOC} = 180^0 - \left(\widehat{OBC} + \widehat{OCB}\right)$$

ou, puisque OB et OC sont bissectrices,

$$\widehat{BOC} = 180^0 - \left(\frac{\widehat{ABC}+\widehat{ACB}}{2}\right).$$

Or,
$$\frac{\widehat{ABC}+\widehat{ACB}}{2} = \frac{90^0}{2} = 45^0.$$

Donc
$$\widehat{BOC} = 180^0 - 45^0 = 135^0.$$

Le point O appartient au lieu des points d'où l'on voit BC sous un angle de 135°, c'est-à-dire à un arc de cercle limité en B et C.

Le centre P de cet arc se trouve sur la perpendiculaire élevée au milieu de BC, et de ce centre on voit BC sous un angle de 90° puisque l'arc BOC vaut

$$360^0 - 135^0 \times 2 = 90^0;$$

donc il est sur la circonférence circonscrite au triangle ABC, à l'intersection de cette circonférence et du diamètre perpendiculaire à BC.

6° Ligne décrite par O' :

Le quadrilatère OBO'C a deux angles droits; donc les angles O et O' sont supplémentaires, et par suite

$$O' = 180° - 135° = 45°.$$

Le point O' appartient au lieu des points d'où l'on voit BC sous un angle de 45°, c'est-à-dire à un arc de cercle passant par B et C, décrit au-dessous de BC.

Cet arc appartient à la circonférence sur laquelle se déplace le point O. Il est limité en M et N par les perpendiculaires menées à BC aux points B et C.

---

2. Énoncé. — Dans un triangle ABC, on donne $BC = a$, $AB = c$, $A = 60°$.

1° Calculer la longueur x du troisième côté.

2° Déterminer pour quelles valeurs de a le problème est possible.

3° Expliquer géométriquement les résultats obtenus.

(*Aspirants, Aix.*)

Solution. — 1° Menons BD perpendiculaire à AC et supposons que cette droite soit à l'intérieur du triangle.

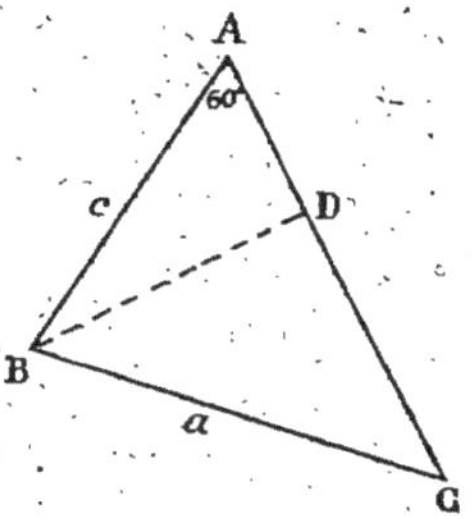

Fig. 2.

Le triangle rectangle ABD ainsi formé ayant un angle de 60°, le côté adjacent est égal à la moitié de l'hypoténuse, soit

$$AD = \frac{AB}{2} = \frac{c}{2}.$$

D'autre part

$$\overline{BD}^2 = \overline{AB}^2 - \overline{AD}^2$$

$$= c^2 - \frac{c^2}{4} = \frac{3c^2}{4}.$$

Or dans le triangle rectangle BDC, nous avons

$$\overline{CD}^2 = \overline{BC}^2 - \overline{BD}^2$$

$$= a^2 - \frac{3c^2}{4}.$$

Donc $$CD = \sqrt{a^2 - \frac{3c^2}{4}} = \frac{\sqrt{4a^2 - 3c^2}}{2},$$

et puisque

$$AC = AD + CD,$$

il vient

$$x = \frac{c}{2} + \frac{\sqrt{4a^2 - 3c^2}}{2} = \frac{c + \sqrt{4a^2 - 3c^2}}{2}.$$

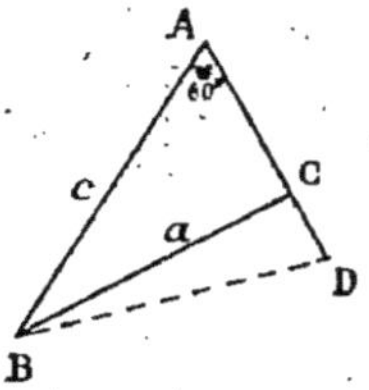

Fig. 2.

Si la perpendiculaire BD est à l'extérieur du triangle ABC, nous avons

$$AC = AD - CD,$$

et par suite

$$x = \frac{c - \sqrt{4a^2 - 3c^2}}{2}.$$

2° Pour que x existe, il faut que la quantité sous radical soit positive ou nulle, c'est-à-dire que l'on ait

$$4a^2 \geqslant 3c^2$$

ou $$a \geqslant \frac{c\sqrt{3}}{2}.$$

Autrement dit, le côté BC doit être supérieur ou égal à la perpendiculaire BD.

Si cette condition est satisfaite, on peut obtenir la première figure.

Pour la seconde, il faut en outre avoir x positif, soit

$$c > \sqrt{4a^2 - 3c^2},$$

ou, en élevant au carré et en faisant passer $3c^2$ dans le premier membre

$$4c^2 > 4a^2,$$

soit enfin

$$c > a.$$

3° Pour construire le triangle ABC, il suffit de prendre sur un des côtés d'un angle de 60° une longueur $AB = c$ et de décrire, de B comme centre, avec a pour rayon, une circonférence qui coupe l'autre côté en C et C'. Les triangles ABC et ABC' répondent aux conditions du problème.

Le problème est possible si la circonférence de centre B coupe le côté Ax, ce qui exige

$$a \geqslant BD,$$

ou, d'après ce qui précède,

$$a \geqslant \frac{c\sqrt{3}}{2}.$$

Cette condition étant satisfaite, le point C, situé au-dessous de D donne toujours une solution.

Le point C′ ne convient que s'il est sur Ax, et non sur son prolongement. Il faut donc

$$BC' < AB.$$

ou $$a < c.$$

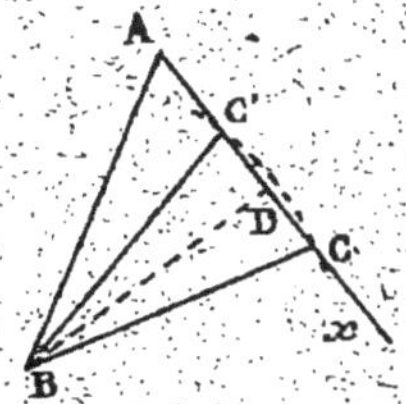

Fig. 3.

En résumé, on trouve, par les 2 méthodes :

2 solutions si $c > a > \frac{c\sqrt{3}}{2}$,

1 solution si $a \geqslant c$ ou $a = \frac{c\sqrt{3}}{2}$,

0 solution si $a < \frac{c\sqrt{3}}{2}$.

---

3. Énoncé. — On donne un cercle de centre O et de rayon $R = 2\sqrt{3}$ mètres. On considère un trapèze isocèle ABCD circonscrit à ce cercle et tel que ses côtés égaux AD et BC font chacun des angles de 60 degrés avec la base AB du trapèze.

1° Trouver la valeur des angles sous lesquels du centre O on voit chacun des côtés.

2° Calculer les côtés du trapèze.

3° Les deux bases du trapèze sont tangentes au cercle en des points E et F, les côtés égaux AD et BC du trapèze sont tangents au cercle en des points G et H; calculer les longueurs des droites EF et GH. (*Aspirants, Rennes.*)

Solution. — 1° Angles : les droites AO, BO, CO et DO sont respectivement bissectrices des angles A, B, C, D du trapèze.

On a donc

$$\widehat{OAB} = \frac{60^0}{2} = 30^0$$

$$\widehat{OBA} = \frac{60^0}{2} = 30^0$$

$$\widehat{OCD} = \frac{180^0 - 60^0}{2} = 60^0$$

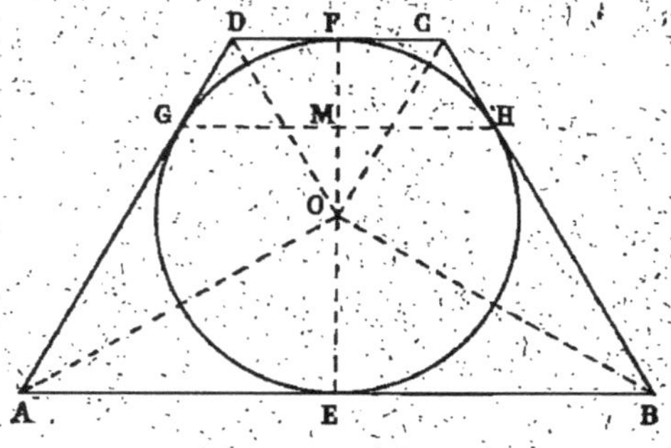

Fig. 5.

$$\widehat{ODC} = \frac{180^0 - 60^0}{2} = 60^0.$$

Il en résulte les égalités :

$$\widehat{AOB} = 180^0 - (30^0 + 30^0) = 120^0,$$

$$\widehat{BOC} = 180^0 - (30^0 + 60^0) = 90^0,$$

$$\widehat{COD} = 180^0 - (60^0 + 60^0) = 60^0,$$

$$\widehat{DOA} = 180^0 - (60^0 + 30^0) = 90^0,$$

2° Côtés du trapèze :

D'après les égalités précédentes, le triangle COD est équilatéral et OF est hauteur ; donc

$$OF = \frac{CD\sqrt{3}}{2}.$$

On en déduit $CD = \dfrac{2\,OF}{\sqrt{3}} = \dfrac{2R\sqrt{3}}{3},$

et $CF = \dfrac{R\sqrt{3}}{3}.$

Or, $CH = CF$ (tangentes issues d'un même point).

Donc $$CH = \frac{R\sqrt{3}}{3}.$$

On sait de même que le triangle AOB est isocèle et par conséquent que la hauteur OE est médiane.

Or, dans le triangle rectangle OEB, l'angle OBE valant 30°, l'hypoténuse OB est le double du côté OE, soit

$$OB = 2R.$$

L'égalité

$$\overline{EB}^2 = \overline{OB}^2 - \overline{OE}^2$$

peut donc s'écrire

$$\overline{EB}^2 = 4R^2 - R^2 = 3R^2;$$

donc $$EB = R\sqrt{3}$$

et $$AB = 2R\sqrt{3}.$$

Puisque $BH = EB$ (tangentes issues d'un même point),

$$BH = R\sqrt{3}$$

et $$BC = R\sqrt{3} + \frac{R\sqrt{3}}{3} = \frac{4R\sqrt{3}}{3}.$$

Le trapèze étant isocèle

$$AD = BC = \frac{4R\sqrt{3}}{3},$$

3° Calcul de EF et GH :

Les rayons OE et OF, perpendiculaires aux droites parallèles AB et CD sont en ligne droite. On a donc

$$EF = R + R = 2R.$$

Puisque $DG = CH$ et $GA = HB$,

on a $$\frac{DG}{GA} = \frac{CH}{HB};$$

la droite GH est donc parallèle aux bases, et par suite perpendiculaire au rayon OF en M.

Les angles FOH et FCH sont supplémentaires :

$$\widehat{FOH} = 180° - 120° = 60°.$$

Par conséquent le triangle MOH donne

$$OM = \frac{OH}{2} = \frac{R}{2}.$$

GH est donc le côté du triangle équilatéral inscrit dans la circonférence O et l'on a

$$GH = R\sqrt{3}.$$

5° Application numérique :

R égalant $2\sqrt{3}$ mètres, on a :

$$CD = \frac{2 \times 2\sqrt{3} \times \sqrt{3}}{3} = 4^m,$$

$$AB = 2 \times 2\sqrt{3} \times \sqrt{3} = 12^m,$$

$$AD = BC = \frac{4 \times 2\sqrt{3} \times \sqrt{3}}{3} = 8^m,$$

$$EF = 2 \times 2\sqrt{3} = 6^m,93 \text{ à } 2^{mm} \text{ près par excès.}$$

$$GH = 2\sqrt{3} \times \sqrt{3} = 6^m.$$

---

4. Énoncé. — Dans un triangle ABC, l'angle A vaut 60° et l'angle B vaut 45°. La hauteur CD du triangle a une longueur de 4 mètres. On demande :

1° De démontrer que le triangle CDB est isocèle ;

2° De calculer, à 0,01 près, la longueur de chacun des côtés ;

3° De calculer la hauteur BH à 0,01 près.

(Aspirants, Dijon.)

Solution. — 1° Le triangle CDB est rectangle et l'angle DBC vaut 45°. Donc l'angle DCB vaut aussi 45° et le triangle est isocèle.

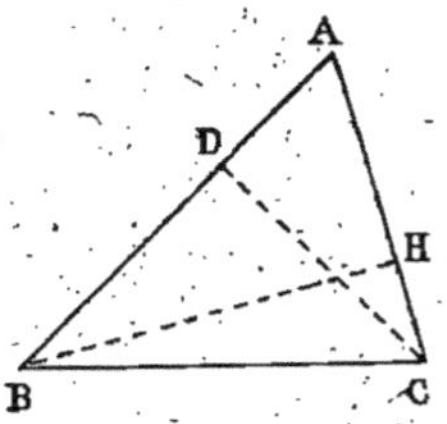

Fig. 6.

2° Soit h la longueur de CD.

On a aussi

$$BD = h.$$

Or

$$\overline{BC}^2 = \overline{BD}^2 + \overline{CD}^2$$
$$= h^2 + h^2 = 2h^2.$$

Donc

$$BC = h\sqrt{2}.$$

Dans le triangle rectangle ACD, l'angle A vaut 60°; par suite, le côté AD est égal à la moitié de l'hypoténuse, ou

$$AC = 2AD.$$

Or, $\overline{AC}^2 - \overline{AD}^2 = \overline{CD}^2$;

donc $4\overline{AD}^2 - \overline{AD}^2 = h^2$,

ou $3\overline{AD}^2 = h^2$.

On en déduit

$$AD = \frac{h}{\sqrt{3}} = \frac{h\sqrt{3}}{3},$$

et

$$AC = \frac{2h\sqrt{3}}{3}.$$

Puisque $AB = AD + BD$,

$$AB = \frac{h\sqrt{3}}{3} + h = \frac{h(\sqrt{3}+3)}{3}.$$

Application. — Si $h = 4$ mètres,

$$BC = 4\sqrt{2}.$$

Pour que ce produit soit approché à 0,01 près, il suffit de calculer $\sqrt{2}$ à 0,001 près ; l'erreur sur le produit sera inférieure à 0,004 et par suite inférieure à 0,01.

On a donc

$$BC = 4 \times 1{,}414 = 5^m656.$$

Le résultat étant compris entre $5^m{,}656$ et $5^m{,}666$, la valeur $5^m{,}66$ est approchée à $\frac{1}{100}$ près.

$$AC = \frac{2 \times 4 \times \sqrt{3}}{3} = \frac{8\sqrt{3}}{3},$$

ou, en faisant un raisonnement analogue au précédent,

$$AC = 4^m{,}62.$$

Enfin $AB = \frac{4(\sqrt{3}+3)}{3} = 6^m{,}31.$

3° Le triangle rectangle ABH ayant un angle de 60°, le côté AH est égal à $\frac{AB}{2}$.

$$\overline{BH}^2 = \overline{AB}^2 - \overline{AH}^2$$

$$= \overline{AB}^2 - \frac{\overline{AB}^2}{4} = \frac{3\overline{AB}^2}{4}.$$

Donc
$$BH = \frac{AB\sqrt{3}}{2}$$

ou, puisque
$$AB = \frac{h(3+\sqrt{3})}{3},$$

$$BH = \frac{h(3+\sqrt{3})\sqrt{3}}{6}$$

$$= \frac{h(3\sqrt{3}+3)}{6} = \frac{h(\sqrt{3}+1)}{2}.$$

Pour $h=4$ mètres, on obtient

$$BH = \frac{4(\sqrt{3}+1)}{2}$$

$$= 2(\sqrt{3}+1) = 5^m,46.$$

---

5. ÉNONCÉ. — Un jardinier achète un terrain ayant la forme d'un trapèze bi-rectangle ABCD, dans lequel la hauteur AC est égale à la petite base AB, qui est, elle-même, les $\frac{2}{3}$ de la grande base CD. Il entoure ce terrain d'une clôture métallique valant 1 fr. 25 le mètre, et qui lui coûte 260 francs.

1° Calculer les dimensions de ce terrain.

2° Le jardinier veut creuser un puits à l'intersection des deux diagonales AD et BC; à quelle distance sera-t-il de la hauteur AC?

(Aspirants, Toulouse.)

SOLUTION. — 1° Le périmètre de ce champ mesure

$$1^m \times \frac{260}{1,25} = 208 \text{ m}.$$

Soit x la longueur de la base AB; on a

$$AC = x \quad \text{et} \quad CD = \frac{3x}{2}$$

En menant BE perpendiculaire à CD, on forme le triangle rectangle BED dans lequel

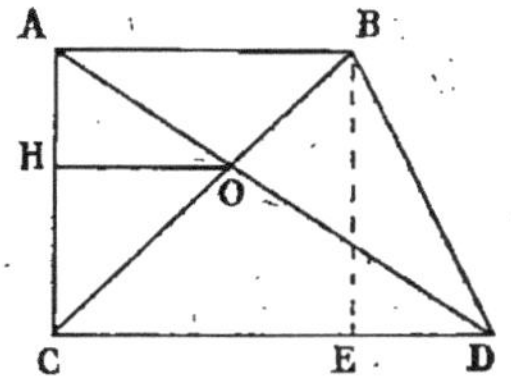

Fig. 7.

$$BE = AC = x \quad \text{et} \quad ED = \frac{3x}{2} - x = \frac{x}{2}.$$

Or, $\overline{BD}^2 = \overline{BE}^2 + \overline{ED}^2$.

Donc $BD = \sqrt{x^2 + \frac{x^2}{4}} = \frac{x\sqrt{5}}{2}$.

On peut alors écrire l'équation

$$x + x + \frac{x\sqrt{5}}{2} + \frac{3x}{2} = 208.$$

En chassant le dénominateur 2, on obtient

$$2x + 2x + x\sqrt{5} + 3x = 416,$$

ou

$$x(7 + \sqrt{5}) = 416.$$

On en tire

$$x = \frac{416}{7 + \sqrt{5}}.$$

ou, en multipliant les 2 termes par $7 - \sqrt{5}$,

$$x = \frac{416(7 - \sqrt{5})}{49 - 5} = \frac{104(7 - \sqrt{5})}{11},$$

soit enfin $x = 45^m,04$.

La grande base est égale à

$$45^m,04 \times \frac{3}{2} = 67^m,56.$$

2° Soit O le point de concours des diagonales du trapèze. La droite OH perpendiculaire à AC est parallèle aux bases.

Les triangles AOH et ACD sont semblables et l'on a

$$\frac{OH}{CD} = \frac{AH}{AC}.$$

De même la similitude des triangles COH et CAB donne

$$\frac{OH}{AB} = \frac{CH}{AC}.$$

Par addition on en déduit

$$\frac{OH}{CD}+\frac{OH}{AB}=\frac{AH+CH}{AC}=1,$$

soit

$$\frac{OH}{\frac{3x}{2}}+\frac{OH}{x}=1.$$

Cette équation dans laquelle OH est l'inconnue peut s'écrire en multipliant tous les termes par $3x$.

$$2OH+3OH=3x.$$

Donc $$OH=\frac{3x}{5}$$

$$=\frac{3\times 104(7-\sqrt{5})}{5\times 11}=\frac{312(7-\sqrt{5})}{55},$$

soit enfin $$OH=27^{m},02.$$

---

6. Énoncé. — Le côté d'un triangle équilatéral ABC est égal à 10 mètres. On mène une parallèle au côté BC, rencontrant AB et AC respectivement en D et E et telle que la longueur DE soit égale à la distance DF de cette parallèle au côté BC. On demande de calculer :

1° La longueur DE;

2° La longueur CE;

3° Le rayon du cercle circonscrit au trapèze BDEC.

(*Aspirants, Clermont.*)

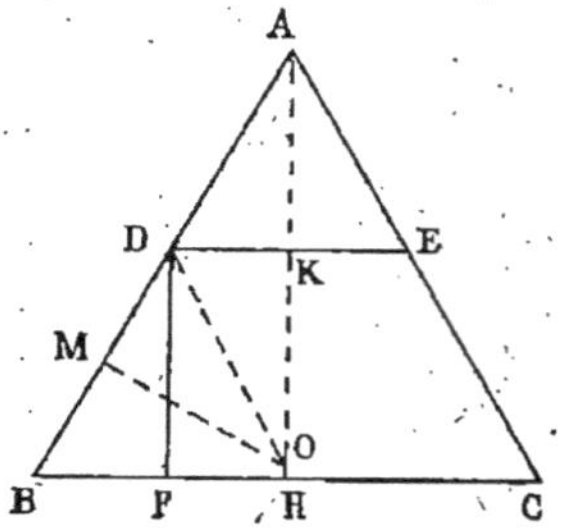

Fig. 8.

Solution. — 1° Soient a la longueur du côté du triangle donné, et x la longueur de DE.

La droite DE étant parallèle à BC, le triangle ADE est semblable à ABC et par suite est équilatéral.

Menons la droite AKH perpendiculaire à DE et à BC. Nous avons

$$AH=\frac{a\sqrt{3}}{2} \qquad \text{et } AK=\frac{x\sqrt{3}}{2}.$$

Or, $$HK = DF = DE = x.$$

On peut donc écrire l'équation

$$\frac{a\sqrt{3}}{2} - \frac{x\sqrt{3}}{2} = x,$$

ou en chassant le dénominateur 2,

$$a\sqrt{3} - x\sqrt{3} = 2x$$

On en tire

$$x(2 + \sqrt{3}) = a\sqrt{3}$$

et

$$x = \frac{a\sqrt{3}}{2 + \sqrt{3}},$$

ou, en multipliant les 2 termes par $2 - \sqrt{3}$,

$$x = a\sqrt{3}(2 - \sqrt{3}) = a(2\sqrt{3} - 3).$$

2° On a

$$CE = AC - AE$$

ou, puisque les triangles sont équilatéraux,

$$\begin{aligned} CE &= a - x \\ &= a - a(2\sqrt{3} - 3), \end{aligned}$$

soit, en mettant a en facteur,

$$CE = a(4 - 2\sqrt{3}).$$

3° Le trapèze BDEC étant isocèle est inscriptible.

Le centre O de la circonférence circonscrite est sur la perpendiculaire AH au milieu de BC et sur la perpendiculaire au milieu M de BD. Le rayon est OD.

Le triangle rectangle DOM donne

$$\overline{OD}^2 = \overline{OM}^2 + \overline{MD}^2.$$

Or, MD est par construction la moitié de BD, soit, puisque $BD = CE$,

$$MD = a(2 - \sqrt{3}).$$

OM est un côté de l'angle droit du triangle rectangle AOM, et, l'angle OAM valant 30°,

$$AO = 2OM.$$

L'égalité

$$\overline{AO}^2 - \overline{OM}^2 = \overline{AM}^2$$

peut donc s'écrire

$$3\,\overline{OM}^2 = \overline{AM}^2$$

ou

$$\overline{OM}^2 = \frac{\overline{AM}^2}{3}.$$

Or,

$$AM = AD + DM$$
$$= a\,(2\sqrt{3} - 3) + a\,(2 - \sqrt{3})$$

soit en mettant a en facteur,

$$AM = a\,(\sqrt{3} - 1)$$

On en déduit

$$\overline{OM}^2 = \frac{a^2\,(\sqrt{3} - 1)^2}{3}$$
$$= \frac{a^2\,(4 - 2\sqrt{3})}{3}$$

L'égalité

$$\overline{OD}^2 = \overline{OM}^2 + \overline{MD}^2$$

devient alors

$$\overline{OD}^2 = \frac{a^2\,(4 - 2\sqrt{3})}{3} + a^2\,(2 - \sqrt{3})^2$$

ou, en effectuant,

$$\overline{OD}^2 = \frac{a^2\,(4 - 2\sqrt{3}) + 3a^2\,(7 - 4\sqrt{3})}{3}$$

soit enfin

$$\overline{OD}^2 = \frac{a^2\,(25 - 14\sqrt{3})}{3}$$

et

$$OD = a\sqrt{\frac{25 - 14\sqrt{3}}{3}}.$$

4° *Application.*

Si $a = 10$ mètres,

$$DE = 10\,(2\sqrt{3} - 3) = 4^m,64,$$
$$CE = 10\,(4 - 2\sqrt{3}) = 5^m,36,$$
$$OD = 10\sqrt{\frac{25 - 14\sqrt{3}}{3}} = 5^m.$$

---

7. Énoncé. — On donne un carré ABCD de 6 centimètres

de côté. Sur le côté BC comme diamètre, on décrit une circonférence de centre O.

1° Tracer avec la règle et le compas une circonférence O′ tangente au point D au côté AD et tangente à la circonférence O.

2° Calculer le rayon O′D de cette circonférence O′.

3° M étant le point de contact des deux circonférences, calculer les longueurs des cordes MD, MB et l'angle de ces deux cordes en degrés. (*Aspirants, Alger.*)

SOLUTION. — 1° La circonférence de centre C et de rayon CB est évidemment tangente à la droite AD en D et à la circonférence O en B, et par conséquent est une solution du problème.

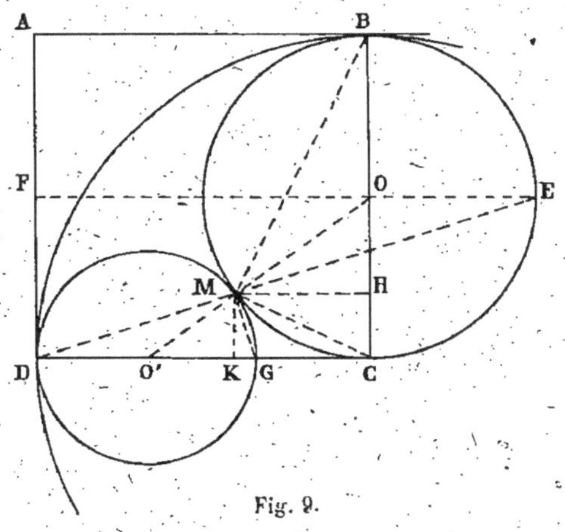

Fig. 9.

Soit O′ une autre circonférence tangente à AD en D et tangente extérieure à O en M; son centre est sur le côté DC.

Menons par O la perpendiculaire EF à AD et traçons EM et DM. La droite des centres OO′ passe par le point de tangence et forme les deux triangles isocèles OEM et O′DM qui ont les angles EOM et MO′D égaux comme alternes internes. Donc leurs autres angles sont égaux et

$$\widehat{OME} = \widehat{O'MD}:$$

OO′ étant une droite, les points E, M, D sont en ligne droite, propriété qui permet de déterminer M.

De cette analyse résulte la construction suivante :
On mène, par O, la droite EF perpendiculaire à AD et on joint ED; cette droite coupe la circonférence O en M. On trace OM qui ren-

contre le côté CD au point O′ cherché ; on décrit la circonférence de centre O′ et de rayon O′D.

2° Calcul du rayon O′ D.

Soient a le côté du carré et x le rayon O′D. Le triangle rectangle OO′C donne

$$\overline{OO'}^2 = \overline{OC}^2 + \overline{O'C}^2,$$

soit

$$\left(\frac{a}{2} + x\right)^2 = \frac{a^2}{4} + (a - x)^2,$$

ou, en effectuant et réduisant les termes semblables,

$$3ax = a^2.$$

On a donc

$$x = \frac{a^2}{3a} = \frac{a}{3},$$

ou, puisque

$$a = 6^{cm},$$

$$x = \frac{6^{cm}}{3} = 2^{cm},$$

3° Calcul des cordes MD et MB.

Soit G le point d'intersection de DC et de la circonférence O′. Les deux triangles rectangles DMG et EFD ont les angles MDG et FED égaux comme alternes-internes; donc ils sont semblables, et

$$\frac{MD}{EF} = \frac{DG}{ED}.$$

Or,

$$EF = a + \frac{a}{2} = \frac{3a}{2},$$

$$DG = \frac{a}{3} \times 2 = \frac{2a}{3},$$

et

$$ED = \sqrt{\frac{a^2}{4} + \left(\frac{3a}{2}\right)^2} = \frac{a\sqrt{10}}{2}.$$

Donc

$$\frac{MD}{\frac{3a}{2}} = \frac{\frac{2a}{3}}{\frac{a\sqrt{10}}{2}}$$

et

$$MD = \frac{\frac{3a}{2} \times \frac{2a}{3}}{\frac{a\sqrt{10}}{2}} = \frac{2a}{\sqrt{10}}$$

ou, si l'on rend le dénominateur rationnel,

$$MD = \frac{a\sqrt{10}}{5}.$$

Pour $a = 6^{cm}$,

$$MD = \frac{6\sqrt{10}}{5} = 3^{cm},79.$$

En menant MH perpendiculaire à BC et MC, on forme le triangle rectangle BMC dans lequel

$$\overline{BM}^2 = BC \times BH.$$

et

$$BH = BC - CH$$
$$= BC - MK,$$

MK étant la perpendiculaire abaissée de M sur CD.

Dans le triangle rectangle MDG, on a

$$MK = \frac{MD \times MG}{DG}$$

ou, puisque

$$MG = \sqrt{\overline{DG}^2 - \overline{MD}^2}$$
$$= \sqrt{\frac{4a^2}{9} - \frac{4a^2}{10}} = \frac{2a}{3\sqrt{10}},$$

$$MK = \frac{\frac{2a}{\sqrt{10}} \times \frac{2a}{3\sqrt{10}}}{\frac{2a}{3}} = \frac{a}{5}.$$

On peut donc écrire

$$BH = a - \frac{a}{5} = \frac{4a}{5}$$

et

$$\overline{BM}^2 = a \times \frac{4a}{5} = \frac{4a^2}{5},$$

soit

$$BM = \frac{2a}{\sqrt{5}} = \frac{2a\sqrt{5}}{5}$$

Pour $a = 6^m$, on obtient

$$BM = \frac{2 \times 6 \times \sqrt{5}}{5} = 5^m,36.$$

4° Calcul de l'angle BMD.

OMO′ étant une ligne droite,

$$\widehat{BMD} = 180° - (\widehat{DMO'} + \widehat{BMO}).$$

Or l'angle MO′C extérieur au triangle isocèle NO′D est le double de $\widehat{DMO'}$,

et de même MOC est le double de $\widehat{BMO}$.

Puisque $$\widehat{MO'C} + \widehat{MOC} = 90°,$$

$$\widehat{DMO'} + \widehat{BMO} = 45°,$$

et par conséquent

$$\widehat{BMD} = 180° - 45° = 135°.$$

---

8. Énoncé. — Étant donné un demi-cercle de diamètre AOB, trouver sur la circonférence un point M tel qu'on ait

$$\overline{AM}^2 + \overline{MP}^2 = l^2.$$

AM est la corde qui joint le point cherché M à l'une des extrémités du diamètre, MP la perpendiculaire abaissée de M sur le diamètre, et l une longueur donnée. (*Aspirants, Caen.*)

Solution. — Le point M peut être déterminé si l'on connaît sa projection P sur AB. Posons $AP = x$.

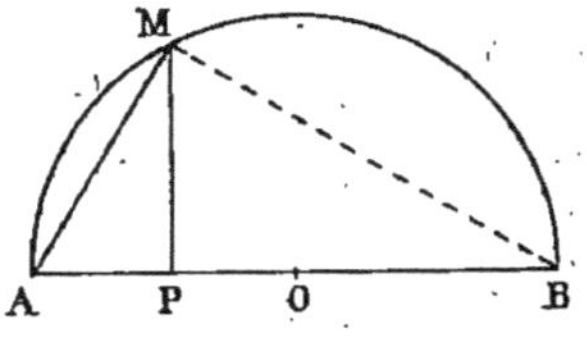

Fig. 10.

Le triangle rectangle ABM donne

$$\overline{AM}^2 = AB \times AP = 2Rx$$

et

$$\overline{MP}^2 = AP \times PB = x(2R - x).$$

Nous avons donc l'équation

$$2Rx + x(2R - x) = l^2.$$

En effectuant et simplifiant, nous pouvons l'écrire

$$x^2 - 4Rx + l^2 = 0.$$

Les racines de cette équation, si elles existent, sont

$$x = 2R \pm \sqrt{4R^2 - l^2} \qquad (1)$$

Pour que ces racines existent, il faut que la quantité sous radical soit positive ou nulle, ce qui exige

$$4R^2 \geqslant l^2$$

Pour qu'une racine de l'équation convienne au problème, il faut évidemment qu'elle soit positive et inférieure à 2 R.

Les deux racines données par l'égalité (1) sont toutes deux positives; la plus petite

$$x = 2R - \sqrt{4R^2 - l^2}$$

est inférieure à 2 R;
la plus grande

$$x = 2R + \sqrt{4R^2 - l^2}$$

est supérieure à 2 R et ne convient pas.

En résumé, le problème a une solution si l'inégalité

$$4R^2 > l^2$$

est satisfaite.

Si $$4R^2 = l^2,$$

M se trouve en B et MP = 0.

Si $$4R^2 < l^2,$$

le problème est impossible.

---

9. Énoncé. — Calculez, à un décimètre près, les côtés d'un champ qui a la forme d'un triangle rectangle dont la superficie est de 25 ares 52 ca; on sait de plus que l'un des côtés de l'angle droit surpasse l'autre de 13 m. 20.

(*Aspirants, Toulouse.*)

Solution. — Soient x et y les longueurs en mètres des côtés de l'angle droit du triangle. On a

$$x - y = 13{,}2. \qquad (1)$$

L'aire du triangle est égale au demi-produit des côtés de l'angle droit; donc

$$xy = 2\,552 \times 2 = 4\,704. \qquad (2)$$

En élevant les deux membres de l'équation (1) au carré, on obtient

$$x^2 + y^2 - 2xy = 174,24$$

Ajoutant $4xy$ aux deux membres de cette nouvelle équation, on a

$$x^2 + y^2 + 2xy = 174,24 + 4\,704 \times 4$$

ou $$(x + y)^2 = 18\,990,24$$

et $$x + y = \sqrt{18\,990,24} = 137^{m},8 \qquad (3)$$

Le problème revient à trouver deux nombres connaissant leur somme $137^{m},8$ et leur différence $13^{m},2$.

On a $$x = \frac{137,8 + 13,2}{2} = 75^{m},5$$

et $$y = \frac{137,8 - 13,2}{2} = 62^{m},3$$

L'hypoténuse est égale à la racine carrée de la somme des carrés des côtés de l'angle droit, soit à

$$\sqrt{(75,5)^2 + (62,3)^2} = 97^{m},9.$$

---

10. Énoncé. — On donne deux points A, B d'un même côté d'une droite, et l'on demande de trouver sur celle-ci le point M d'où l'on voit la distance AB sous l'angle maximum.

Application numérique. — O étant le point de rencontre de la droite AB et de la droite donnée, calculer OM, sachant que OA = 5 mètres et OB = 7 mètres. (*Aspirants, Aix.*)

Solution. — 1° Soit Ox la demi-droite qui fait avec OB un angle aigu. Prenons sur Ox un point M tel que l'on ait

$$\overline{OM}^2 = OA \times OB.$$

Le point M est le point cherché.

En effet, la circonférence déterminée par les points A, B, M est tangente à Ox en M puisque l'on a

$$\overline{OM}^2 = OA \times OB.$$

L'angle inscrit AMB a même mesure que la moitié de l'arc AB.

Soit D le point d'intersection de la tangente en A avec Ox. D'un point quelconque P pris sur Dx, on voit la droite AB sous un angle

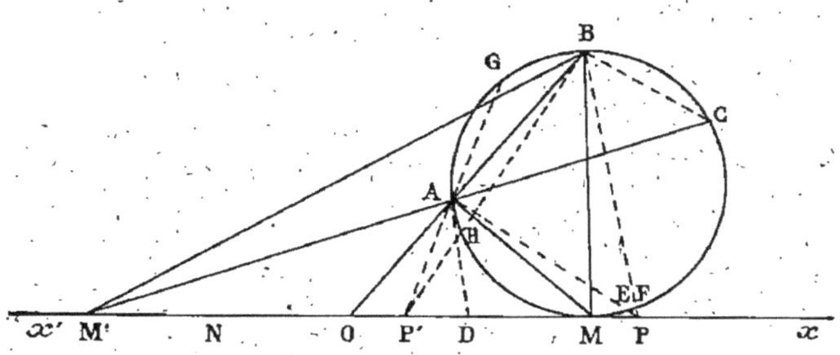

Fig. 11.

qui a même mesure que la demi-différence des arcs AB et EF interceptés par ses côtés. On a donc

$$\widehat{APB} < \widehat{AMB}$$

D'un point quelconque P' pris sur OD, on voit AB sous un angle qui a même mesure que la demi-différence des arcs BG (partie de AB) et AH interceptés par ses côtés. On a donc

$$\widehat{AP'B} < \text{AMB}.$$

Soit Ox' la demi-droite qui fait avec OB un angle obtus. On peut déterminer sur Ox' un point M' tel que l'on ait

$$\overline{OM'}^2 = OA \times OB.$$

On démontre comme précédemment que N étant un point quelconque de Ox', on a

$$\widehat{ANB} < \widehat{AM'B}.$$

Or, la droite M'A rencontrant la circonférence en C, on a

$$\widehat{BCA} = \widehat{AMB}$$

et $$BC < BM.$$

Les deux triangles BOM et BOM' ont le côté BO commun, OM = OM' et $\widehat{BOM} < \widehat{BOM'}$, il en résulte l'inégalité

$$BM' > BM$$

et, à plus forte raison,

$$BM' > BC.$$

Le triangle BM'C donne donc

$$\widehat{BCM'} > \widehat{BM'C}$$

et par conséquent $$\widehat{AMB} > \widehat{BM'C}.$$

Donc, d'un point quelconque pris sur xx', on voit AB sous un angle plus petit que $\widehat{AMB}$.

2° La longueur OM est moyenne proportionnelle entre OA et OB ; on a donc

$$OM = \sqrt{5 \times 7} = 5^m,916$$

---

2. — AIRES

11. Énoncé. — Un champ ABCD a la forme d'un carré.

1° On demande de calculer son côté, sachant que si on augmente le côté AB de 2 mètres et si on diminue le côté BC de 10 mètres, on obtient un rectangle dont la superficie est 88 ares.

2° On veut creuser dans ce champ un puits également distant des côtés AB, BC et de la diagonale AC. A quelle distance sera-t-il placé de cette diagonale?

(Aspirants, Toulouse.)

Solution. — 1° Soit x mètres la longueur du côté du carré.

On forme un rectangle dont les dimensions mesurent $x+2$ et $x-10$ mètres; on a donc l'équation

$$(x+2)(x-10) = 8800,$$

que l'on peut écrire en simplifiant,

$$x^2 - 8x - 8820 = 0.$$

Cette équation a 2 racines :

$$x = 4 \pm \sqrt{16 + 8\,820}$$
$$= 4 \pm 94$$

Seule la racine positive convient au problème. Le côté du carré mesure donc

$$4^m + 94^m = 98^m.$$

2° Le centre du puits devant être équidistant des trois côtés du triangle ACB est le centre du cercle inscrit dans ce triangle, c'est-à-dire le point de concours des bissectrices.

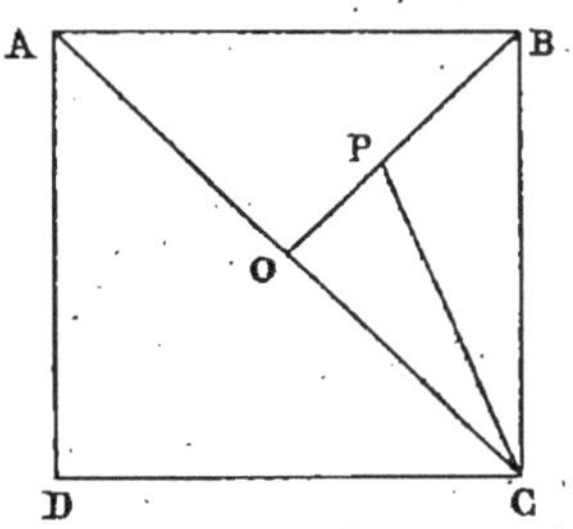

Fig. 12

Soit P ce point ; le triangle ABC est rectangle et isocèle, la bissectrice BO est hauteur et la distance PO est égale au rayon du cercle inscrit.

Or, dans un triangle rectangle, la somme des côtés de l'angle droit est égale à la somme de l'hypoténuse et du diamètre du cercle inscrit (démonstration n° 1) ;

donc $$2\,OP + AC = AB + BC$$

ou $$OP = \frac{AB + BC - AC}{2}.$$

AC étant la diagonale du carré ABCD est égale à $AB\sqrt{2}$; par suite

$$OP = \frac{2AB - AB\sqrt{2}}{2}$$
$$= \frac{AB(2 - \sqrt{2})}{2},$$

et, puisque AB = 98 mètres,

$$OP = 49\,(2 - \sqrt{2})$$
$$= 28^m7 \text{ à 1cm près.}$$

---

12. Énoncé. — Sur une droite infinie, on porte à la suite l'une de l'autre deux longueurs : $AB = a$, $BC = b$. Sur AB, on construit le triangle équilatéral ADB, et sur BC le triangle équilatéral BEC ; puis on joint le sommet D au sommet E. On demande l'aire du quadrilatère ADEC.

(Aspirants, Clermont.)

Solution. — L'aire du triangle équilatéral ABD est égale à $\frac{a^2\sqrt{3}}{4}$,

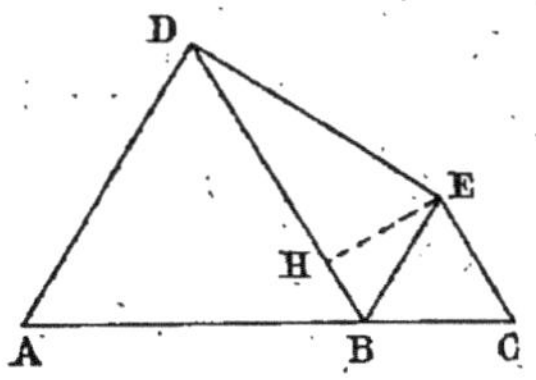

Fig. 13.

et celle du triangle équilatéral BEC, à $\frac{b^2\sqrt{3}}{4}$.

Soient BD la base et EH la hauteur du triangle BDE. L'angle HBE vaut

$$180^0 - (60^0 + 60^0) = 60^0.$$

Le triangle rectangle HBE ayant un angle de 60^0, le côté adjacent HB est égal à la moitié de l'hypoténuse, soit

$$\text{HB} = \frac{\text{BE}}{2} = \frac{b}{2}.$$

Or,

$$\overline{\text{EH}}^2 = \sqrt{\overline{\text{BE}}^2 - \overline{\text{HB}}^2}$$

$$= \sqrt{b^2 - \frac{b^2}{4}} = \sqrt{\frac{3\,b^2}{4}}$$

Donc

$$\text{EH} = \frac{b\sqrt{3}}{2},$$

et l'aire du triangle DBE mesure

$$\frac{a}{2} \times \frac{b\sqrt{3}}{2} = \frac{ab\sqrt{3}}{4}.$$

L'aire du quadrilatère ADEC est égale à

$$\frac{a^2\sqrt{3}}{4} + \frac{ab\sqrt{3}}{4} + \frac{b^2\sqrt{3}}{4} = \frac{(a^2 + ab + b^2)\sqrt{3}}{4}.$$

---

13. Énoncé. — Un champ a la forme d'un quadrilatère ABCD. L'angle A est droit ; le côté AB = 216 mètres ; le côté AC = 285 mètres ; les deux côtés DC et BD sont égaux tous deux à 300 mètres. Calculer l'aire de ce champ.

(Aspirants, Bordeaux.)

Solution. — Menons la diagonale BC; elle décompose le quadrilatère en 2 triangles.

L'aire du triangle rectangle ABC mesure

$$\frac{AB \times AC}{2} = \frac{216 \times 283}{2} = 30564^{m2}.$$

Le triangle BDC est isocèle et par suite la hauteur DH partage la base en 2 parties égales. Or

$$\overline{BC}^2 = \overline{AB}^2 + \overline{AC}^2$$

$$= (216)^2 + (283)^2 = 126\,745.$$

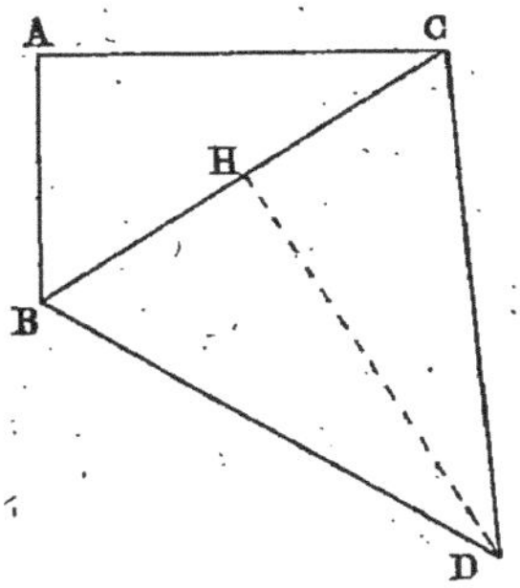

Fig. 14.

Donc

$$BC = \sqrt{126\,745} = 356^m.$$

Le triangle rectangle BDH donne

$$\overline{DH}^2 = \overline{BD}^2 - \overline{BH}^2$$

$$= \overline{BD}^2 - \frac{\overline{BC}^2}{4},$$

soit $$\overline{DH}^2 = (300)^2 - \frac{126\,745}{4} = 58\,313,75,$$

ou $$DH = \sqrt{58\,313,75} = 241^m,48.$$

L'aire du triangle BDC mesure

$$\frac{BC \times DH}{2} = \frac{356 \times 241,48}{2} = 42\,985^{m2},44.$$

L'aire du champ est égale à

$$30564^{m2} + 42\,985^{m2},44 = 73\,547^{m2},44.$$

---

14. Énoncé. — Dans un cercle O de rayon R, on connaît les longueurs a et b des cordes AB et BC. Trouver la longueur de la corde AC et l'aire du triangle ABC.

Application. — $R = 6$ mètres; $AB = 5$ mètres et $BC = 3$ mètres. *(Aspirants, Lille.)*

SOLUTION. — Menons le diamètre BD et les cordes AD et CD. Le quadrilatère ABCD étant inscrit, nous avons

$$AC \times BD = AB \times CD + BC \times AD \qquad (1)$$

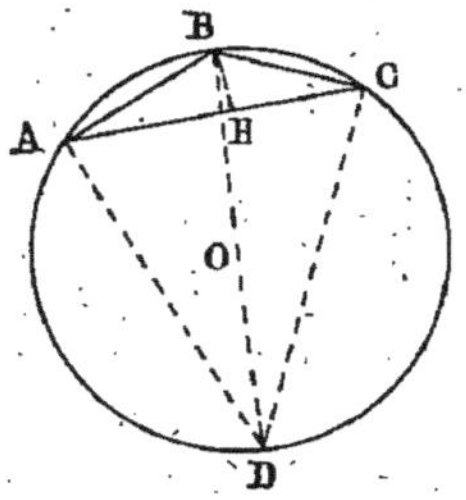

Fig. 15.

Or $BD = 2R$;

le triangle rectangle BCD donne

$$CD = \sqrt{\overline{BD}^2 - \overline{BC}^2}$$
$$= \sqrt{4R^2 - b^2};$$

De même

$$AD = \sqrt{\overline{BD}^2 - \overline{AB}^2}$$
$$= \sqrt{4R^2 - a^2}.$$

L'égalité (1) peut donc être écrite

$$AC \times 2R = a\sqrt{4R^2 - b^2} + b\sqrt{4R^2 - a^2}.$$

Par suite nous avons

$$AC = \frac{a\sqrt{4R^2 - b^2} + b\sqrt{4R^2 - a^2}}{2R}$$

2° Soient BH la hauteur du triangle ABC et AC sa base; son aire est égale à

$$\frac{BH \times AC}{2}$$

Or, le produit d'une hauteur d'un triangle par le diamètre du cercle circonscrit étant égal au produit des deux côtés issus du même sommet que la hauteur,

$$BH \times 2R = BA \times BC$$

On en déduit $BH = \frac{ab}{2R}$,

et par suite l'aire du triangle est égale à

$$\frac{ab \times AC}{4R},$$

soit enfin

$$\frac{ab\left[a\sqrt{4R^2 - b^2} + b\sqrt{4R^2 - a^2}\right]}{8R^2}.$$

3° *Application.*

Si $R = 6^m$, $AB = 5^m$, $BC = 4^m$,

$$AC = \frac{5\sqrt{144-16}+4\sqrt{144-25}}{12}$$

$$= \frac{5\sqrt{64\times 2}+4\sqrt{119}}{12}$$

$$= \frac{10\sqrt{2}+\sqrt{119}}{3} = 8^m,35.$$

L'aire du triangle est égale à

$$\frac{5\times 4\,(10\sqrt{2}+\sqrt{119})}{3\times 4\times 6} = 6^{m^2},95.$$

---

15. Énoncé. — Calculer les côtés et la surface d'un triangle rectangle, connaissant le rayon r du cercle inscrit et le rayon R du cercle circonscrit au triangle.

(*Aspirants, Lyon.*)

Solution. — 1° Soient x et y les côtés AC et AB du triangle ABC. Ce triangle est inscriptible dans une circonférence ayant l'hypoténuse pour diamètre, donc

$$BC = 2R.$$

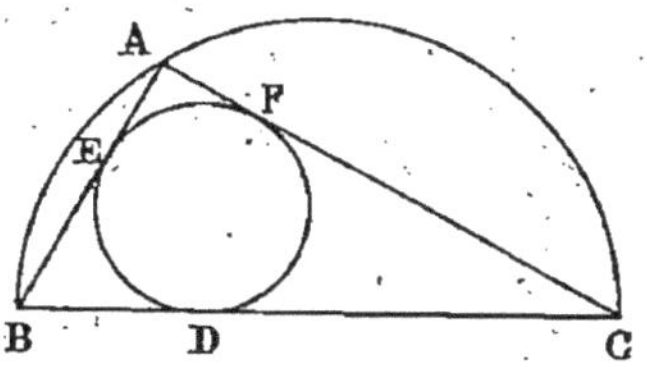

Fig. 16.

On sait que

$$\overline{AC}^2 + \overline{AB}^2 = \overline{BC}^2$$

ou $$x^2 + y^2 = 4R^2.$$

Dans un triangle rectangle, la somme des côtés de l'angle droit est égale à la somme de l'hypoténuse et du diamètre du cercle inscrit (voir n° 1); donc

$$x + y = 2R + 2r.$$

En élevant les 2 membres de cette dernière équation au carré, on obtient

$$x^2 + 2xy + y^2 = 4R^2 + 4r^2 + 8Rr,$$

et puisque

$$x^2 + y^2 = 4R^2,$$

$$2xy = 4r^2 + 8Rr.$$

On en déduit

$$x^2+y^2-2xy=4R^2-4r^2-8Rr$$

ou

$$(x-y)^2=4R^2-4r^2-8Rr.$$

Donc

$$x-y=\sqrt{4R^2-4r^2-8Rr}$$
$$=2\sqrt{R^2-r^2-2Rr}.$$

Le problème revient à trouver 2 nombres connaissant leur somme

$$2R+2r$$

et leur différence

$$2\sqrt{R^2-r^2-2Rr}.$$

Le plus grand est

$$x=R+r+\sqrt{R^2-r^2-2Rr}$$

et le plus petit

$$y=R+r-\sqrt{R^2-r^2-2Rr}.$$

2° L'aire du triangle est égal au demi-produit des côtés de l'angle droit, soit $\frac{xy}{2}$.

Or,

$$2xy=4r^2+8Rr.$$

Donc l'aire cherchée est égale à

$$r^2+2Rr.$$

3° *Discussion.* — Pour que le triangle existe, il faut que l'on ait pour x et y des valeurs réelles et positives.

Leur somme est évidemment supérieure à 2R puisqu'elle est égale à $2R+2r$.

On obtient pour x et y des valeurs réelles si l'inégalité

$$R^2-r^2-2Rr>o$$

est vérifiée.

Or,

$$R^2-r^2-2Rr=(R-r)^2-2r^2$$
$$=(R-r+r\sqrt{2})\ (R-r-r\sqrt{2}).$$

Le premier facteur est évidemment positif; il faut donc avoir

$$R-r-r\sqrt{2}>o,$$

soit

$$R>r(\sqrt{2}+1).$$

Si

$$R=r(\sqrt{2}+1)\quad,\quad x=y$$

et le triangle rectangle est isocèle.

La valeur de x est toujours positive; il en est de même pour y si

$$R + r > \sqrt{R^2 - r^2 - 2Rr}$$

ou
$$R^2 + r^2 + 2Rr > R^2 - r^2 - 2Rr,$$

condition toujours réalisée.

En résumé, le problème est possible si l'on a

$$R \geqslant r(\sqrt{2} + 1).$$

---

16. Énoncé. — Les côtés d'un triangle ont pour longueurs respectives 13, 37 et 40 mètres. On demande :

1° Quelle est la surface du triangle;

2° Quelles sont les hauteurs;

3° Quelle est la surface d'un rectangle de 4 mètres de hauteur dont la base repose sur le grand côté du triangle, et dont deux sommets sont sur les autres côtés.

(*Aspirants, Rennes.*)

Solution. — 1° On sait que l'aire d'un triangle en fonction des côtés est donnée par la formule

$$S = \sqrt{p(p-a)(p-b)(p-c)}.$$

Si $a = 40^m$, $b = 37^m$, $c = 13^m$,

$$p = \frac{40 + 37 + 13}{2} = 45^m,$$

$$p - a = 45^m - 40^m = 5^m,$$

$$p - b = 45^m - 37^m = 8^m,$$

$$p - c = 45^m - 13^m = 32^m.$$

Donc

$$S = \sqrt{45 \times 5 \times 8 \times 32}$$
$$= \sqrt{9 \times 5 \times 5 \times 4 \times 2 \times 2 \times 16} = 3 \times 5 \times 2 \times 2 \times 4$$
$$= 240^{m^2}.$$

2° Une hauteur d'un triangle est égale au quotient du double de l'aire par le côté correspondant.

Les hauteurs valent donc respectivement :

$$\frac{2\times 240}{40}=12^{m},$$

$$\frac{2\times 240}{37}=12^{m},97$$

et

$$\frac{2\times 240}{13}=36^{m},92.$$

3° Soit le rectangle DEFG inscrit dans le triangle ABC, et dont la hauteur $DG=4^{m}$.

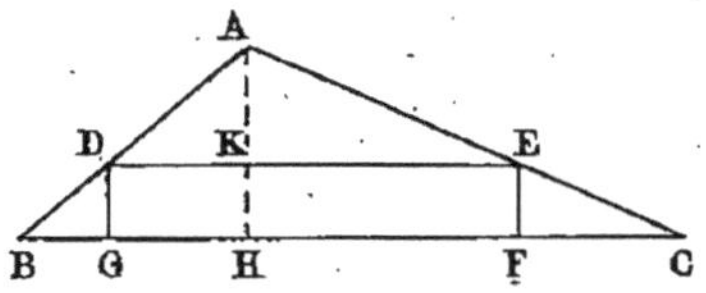

Fig. 17.

Les triangles semblables ADE et ABC donnent

$$\frac{DE}{BC}=\frac{AK}{AH},$$

et, puisque

$$AK=AH-KH$$

$$=12^{m}-4^{m}=8^{m};$$

$$\frac{DE}{BC}=\frac{8}{12}\ \text{ou}\ \frac{2}{3}.$$

Donc
$$DE=BC\times\frac{2}{3}=40^{m}\times\frac{2}{3}.$$

L'aire du rectangle est égale à

$$40\times\frac{2}{3}\times 4=\frac{320^{m2}}{3}$$

$$=106^{m2}\frac{2}{3}.$$

---

17. Énoncé. — Le côté d'un losange vaut 16 mètres, et deux de ses côtés se coupent sous un angle de 45°. Calculer :

1° La surface de ce losange;

2° Le rayon du cercle inscrit. (*Aspirants, Nancy.*)

Solution. — 1° Un losange étant un parallélogramme, son aire est égale au produit de sa base par sa hauteur, soit

$$BC\times AH.$$

Puisque l'angle B vaut 45°, le triangle rectangle ABH est isocèle et

$$2\,\overline{AH}^2 = \overline{AB}^2,$$

donc $$AH = \frac{AB}{\sqrt{2}} = \frac{AB\sqrt{2}}{2}.$$

L'aire du losange égale

$$BC \times \frac{AB\sqrt{2}}{2} = \frac{16 \times 16 \times \sqrt{2}}{2}$$

$$= 181^{m^2} \text{ à } 2^{dm^2} \text{ près par défaut.}$$

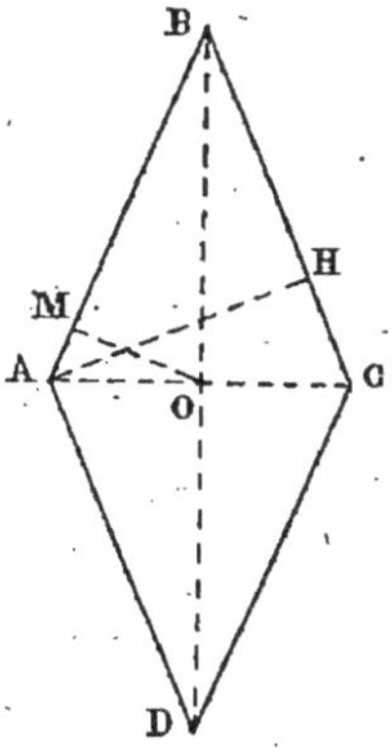

Fig. 18.

2° Les diagonales d'un losange étant bissectrices des angles de ce losange, leur point de concours O est équidistant des côtés ; c'est le centre du cercle inscrit, et la perpendiculaire OM à AB est le rayon de ce cercle.

Les triangles rectangles AOM et AHC ont les angles MAO et HCA égaux ; ils sont donc semblables et

$$\frac{OM}{AH} = \frac{AO}{AC} = \frac{1}{2}.$$

Par suite $$OM = \frac{AH}{2} = \frac{AB\sqrt{2}}{4}$$

$$= \frac{16\sqrt{2}}{4} = 5^m65 \text{ à } 1^{cm} \text{ près par défaut.}$$

---

18. Énoncé. — Un champ a la forme d'un quadrilatère ABCD. On a mesuré les côtés AB, AD, DC et les diagonales AC, BD. On a trouvé :

$$AB = 224^m, \qquad AD = 168^m, \qquad DC = 490^m,$$
$$AC = 518^m, \qquad BD = 280^m.$$

1° Démontrer que les angles A et D sont droits ;

2° Se servir de cette propriété pour reconnaître la nature du quadrilatère et en calculer l'aire, qu'on exprimera en mesures agraires.

(*Aspirants, Bordeaux.*)

SOLUTION. — 1° Pour prouver que l'angle BAD est droit, il suffit de montrer que l'on a

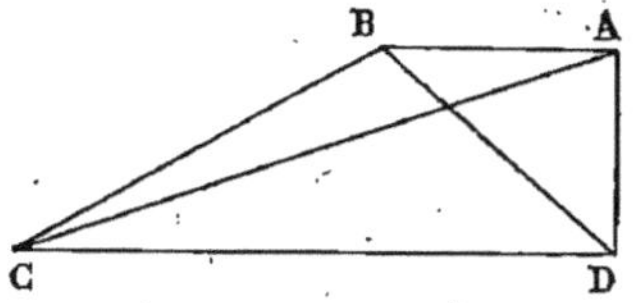

Fig. 19.

$$\overline{AB}^2 + \overline{AD}^2 = \overline{BD}^2. \quad (1)$$

Or

$$\overline{AB}^2 = (224)^2 = 50176,$$

$$\overline{AD}^2 = (168)^2 = 28224;$$

$$\overline{AB}^2 + \overline{AD}^2 = 50176 + 28224 = 78400,$$

et

$$\overline{BD}^2 = (280)^2 = 78400.$$

L'égalité (1) est donc vérifiée.

De même, pour prouver que l'angle ADC est droit, il suffit de montrer que l'on a

$$\overline{DA}^2 + \overline{DC}^2 = \overline{AC}^2.$$

Or

$$\overline{DA}^2 = (168)^2 = 28224,$$

$$\overline{DC}^2 = (490)^2 = 240100,$$

$$\overline{DA}^2 + \overline{DC}^2 = 28224 + 240100 = 268324,$$

et

$$\overline{AC}^2 = (518)^2 = 268324.$$

L'égalité (2) est donc vérifiée.

2° Les angles droits BAD et ADC sont supplémentaires; donc les droites AB et DC sont parallèles et le quadrilatère ABCD est un trapèze ayant pour bases AB et DC et pour hauteur AD.

Son aire est égale à

$$\frac{490 + 224}{2} \times 168 = 59976^{m2}$$

ou $5^{ha} 99^a 76^{ca}$.

19. ÉNONCÉ. — Dans un trapèze isocèle ABCD, les bases AD et BC valent respectivement 168^m et 40^m et les côtés égaux AB, CD valent 80^m. On demande :

1° L'aire du trapèze ;

2° L'aire du triangle OAD obtenu en prolongeant les côtés AB et CD jusqu'à leur point de rencontre ;

3° Les dimensions du rectangle équivalent au triangle OAD, sachant que leur somme est 152^m.   (*Aspirants, Paris.*)

Solution. — 1° L'aire du trapèze ABCD est égale au produit de la demi-somme des bases AD et BC par la hauteur BE.

Le triangle rectangle ABE donne

$$\overline{BE}^2 = \overline{AB}^2 - \overline{AE}^2.$$

Or la hauteur OG du triangle isocèle partage BC et AD en parties égales ; on a donc

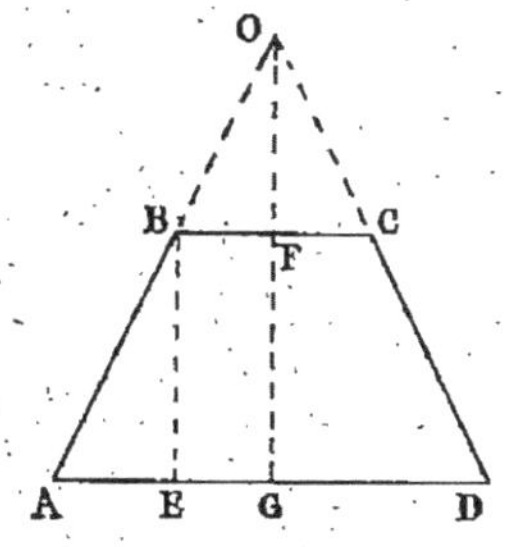

Fig. 20.

$$AE = AG - GE$$
$$= AG - BF$$
$$= \frac{AD - BC}{2},$$

soit encore $AE = \frac{168 - 40}{2} = 64^m.$

Par suite

$$\overline{BE}^2 = 80^2 - 64^2 = 2304$$

et $BE = \sqrt{2304} = 48^m.$

L'aire du trapèze est égale à

$$\frac{168 + 40}{2} \times 48 = 4992^{m^2}.$$

2° Les triangles OGA et BEA étant semblables,

$$\frac{OG}{BE} = \frac{AG}{AE},$$

ou $\frac{OG}{48} = \frac{168 : 2}{64}.$

On en déduit $OG = \frac{48 \times 84}{64} = 63^m.$

L'aire du triangle OAD est égale à

$$\frac{168 \times 63}{2} = 5292^{m^2}.$$

3° Soient x et y mètres les dimensions du rectangle équivalent au triangle OAD.

On a immédiatement les équations :

$$x + y = 152$$
$$xy = 5292.$$

En élevant au carré les 2 membres de la première, on obtient

$$x^2+y^2+2xy=23104\,;$$

si aux 2 membres de cette nouvelle équation on retranche $4xy$ ou 21168, on a

$$x^2+y^2-2xy=23104-21168$$

ou $$(x-y)^2=1936,$$

et par suite $$x-y=\sqrt{1936}=44.$$

Le problème revient à trouver deux nombres connaissant leur somme 152 et leur différence 44. On a

$$x=\frac{152+44}{2}=98^{m}$$

et $$y=\frac{152-44}{2}=54^{m}.$$

---

20. Énoncé. — On donne un quart de cercle AOB et la tangente AT en A. Mener la tangente CD telle que l'aire du trapèze AOCD soit équivalente à celle d'un carré de côté a.

En supposant que l'angle $OCD=60^{\circ}$, calculer l'aire du trapèze en fonction du rayon R.

(*Aspirants, Poitiers.*)

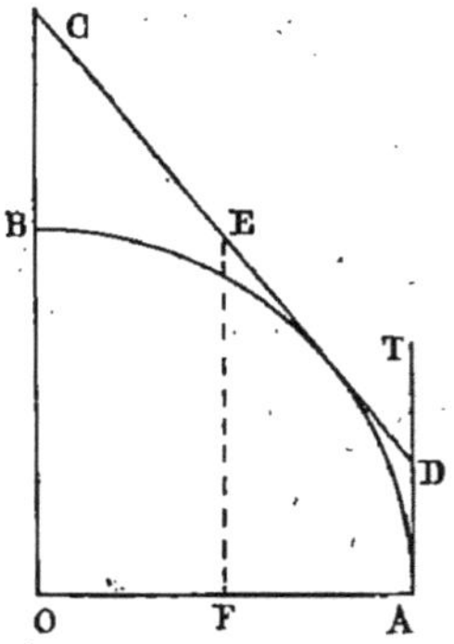

Fig. 21.

Solution. — 1° Supposons le problème résolu et soit CD la tangente cherchée. On a l'égalité

$$\frac{OC+AD}{2}\times OA=a^2.$$

Menons la droite EF qui joint les milieux des côtés non parallèles du trapèze; elle est parallèle aux bases et égale à leur demi-somme. L'aire du trapèze est donc égale à

$$EF\times OA=a^2$$

et par suite $$EF=\frac{a^2}{OA}\text{ ou }\frac{a^2}{R}.$$

EF est troisième proportionnelle aux longueurs a et R ; on peut donc déterminer le point E, et par conséquent la tangente EC.

De cette analyse résulte la construction suivante :

Menons par le milieu F de OA la perpendiculaire à OA et prenons sur cette perpendiculaire FH = R ; portons sur FO, de F vers O, FG = a et tirons GH. Menons la perpendiculaire EG à GH qui rencontre HF en E.

Dans le triangle rectangle EGH on a bien

$$EF \times FH = \overline{FG}^2$$

ou $$EF = \frac{a^2}{R}.$$

De E menons la tangente CED au quart de cercle ; on a ainsi le trapèze cherché AOCD.

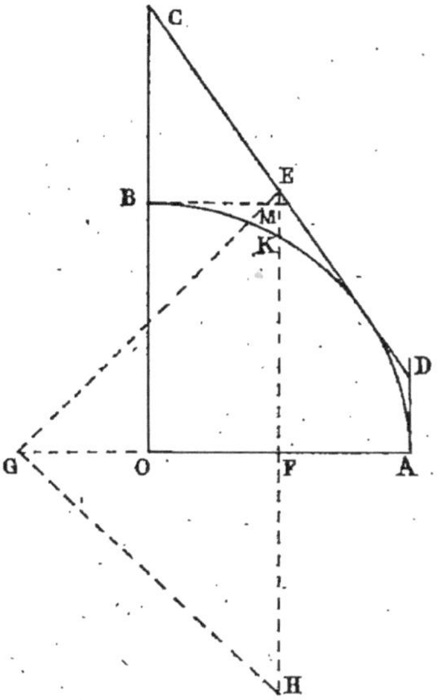

Fig. 22.

Discussion. — Pour que le problème soit possible, il faut et il suffit que l'on puisse, du point E, mener une tangente au quart de cercle. E ne doit donc pas être intérieur à ce quart de cercle, ce qui exige

$$FE \geqslant FK$$

K étant le point de rencontre de FE et du quart de cercle.

Or FK est la moitié du côté du triangle équilatéral inscrit dans le cercle puisque l'apothème OF est la moitié du rayon.

Donc $$FK = \frac{R\sqrt{3}}{2}.$$

Il faut avoir $$\frac{a^2}{R} \geqslant \frac{R\sqrt{3}}{2},$$

soit $$a^2 \geqslant \frac{R^2\sqrt{3}}{2}.$$

Si cette condition est vérifiée, on peut mener 2 tangentes au quart de cercle si le point E est entre K et M, M étant le point d'intersection de FE et de la tangente en B, c'est-à-dire si l'on a

$$\frac{a^2}{R} \leqslant R$$

ou

$$a^2 \leqslant R^2.$$

Dans le cas contraire, une seule tangente répond à la question.

En résumé :

le problème est impossible si

$$a^2 < \frac{R^2\sqrt{3}}{2},$$

il a une solution si

$$a^2 = \frac{R^2\sqrt{3}}{2} \quad \text{ou} \quad a^2 > R^2,$$

et 2 solutions si

$$\frac{R^2\sqrt{3}}{2} < a^2 \leqslant R^2.$$

2° Si l'angle OCD $= 60^\circ$, l'angle CDA $= 120^\circ$.

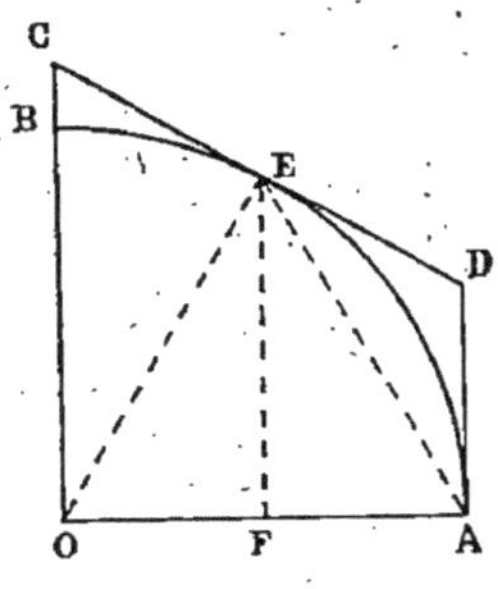

Fig. 25.

Soit E le point de tangence ; menons EO et EA.

Le triangle CEO est rectangle en E et

$$\widehat{COE} = 90^\circ - 60^\circ = 30^\circ;$$

donc

$$\widehat{EOA} = 60^\circ.$$

Le triangle isocèle DEA ayant un angle de 120°

$$\widehat{DAE} = \frac{180 - 120}{2} = 30^\circ;$$

donc

$$\widehat{EAO} = 60^\circ.$$

Le triangle EOA a deux angles de 60° ; il est équilatéral.

Sa hauteur est

$$EF = \frac{OA\sqrt{3}}{2}$$

$$= \frac{R\sqrt{3}}{2}.$$

Cette droite étant aussi médiane, elle joint les milieux des côtés non parallèles du trapèze OCDA.

L'aire du trapèze est donc égale à

$$\frac{R\sqrt{3}}{2} \times R = \frac{R^2\sqrt{3}}{2}.$$

---

21. Énoncé. — Dans un trapèze ABCD, on donne la surface $8m^2$, la longueur $EF = m$ de la droite qui joint les milieux des diagonales, et le produit $3m^2$ des deux bases. On demande :

1° La hauteur du trapèze;

2° La hauteur OH du triangle AOB obtenu en prolongeant les côtés non parallèles AD et BC du trapèze (AB est la grande base).

Application. — $m = 7$ mètres. (*Aspirants, Lille.*)

Solution. — 1° On sait que la droite qui joint les milieux des diagonales d'un trapèze est égale à la demi-différence des bases. En appelant a la longueur de la grande base et b la longueur de la petite, on a

$$a - b = 2\,m.$$

Or le produit

$$ab = 3\,m^2.$$

En élevant au carré les deux membres de la première égalité, on obtient

$$a^2 + b^2 - 2ab = 4\,m^2,$$

et, si aux deux membres de cette égalité on ajoute $4ab$ ou $12\,m^2$, il vient

$$a^2 + b^2 + 2ab = 4\,m^2 + 12\,m^2,$$

ou $$(a + b)^2 = 16\,m^2;$$

donc $$a + b = 4\,m.$$

La hauteur d'un trapèze est égale au quotient de l'aire par la demi-somme des bases ; elle est égale à

$$8\,m^2 : 2\,m = 4\,m.$$

2° Soient OH et OK les hauteurs respectives des triangles semblables OAB et ODC. On a

$$\frac{OH}{a} = \frac{OK}{b};$$

la différence $OH - OK = HK = 4\,m$;

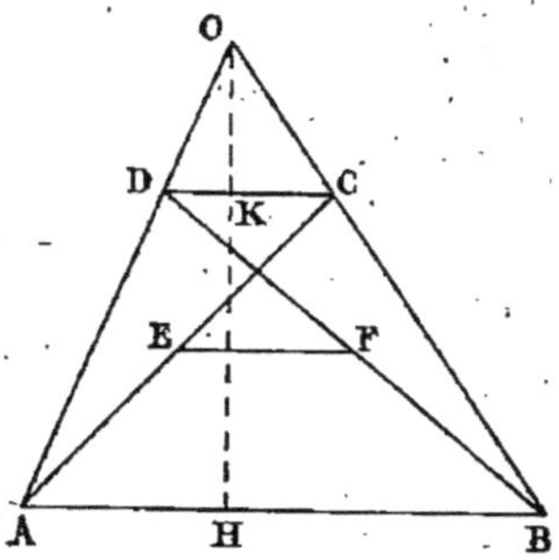

Fig. 24.

on écrira donc

$$\frac{OH}{a} = \frac{OK}{b} = \frac{OH - OK}{a - b} = \frac{4\,m}{2\,m} = 2,$$

et par suite

$$OH = 2\,a.$$

Les égalités

$$a + b = 4\,m,$$
$$a - b = 2\,m,$$

donnent $2\,a = 6\,m.$

Donc $OH = 6\,m.$

3° *Application.* — Si $m = 7$ mètres, la hauteur du trapèze est égale à

$$7^m \times 4 = 28^m,$$

et celle du triangle à

$$7^m \times 6 = 42^m.$$

---

22. Énoncé. — Dans un trapèze birectangle dont la hauteur est représentée par a, les bases ont pour valeurs : $DC = x'$, $AB = x''$. x' et x'' sont racines de l'équation $x^2 - 4ax + 2a^2 = o$.

On demande :

1° De calculer la surface de ce trapèze;

2° De démontrer que ce trapèze est circonscriptible à un cercle;

3° De déterminer par une construction géométrique un point M de AD tel qu'en joignant MB et MC on obtienne deux triangles AMB, DMC qui soient équivalents;

4° De calculer la surface du triangle BMC.

(*Aspirants, Dijon.*)

Solution. — 1° L'aire du trapèze est égale au produit de la demi-somme des bases par la hauteur, soit à

$$\frac{x' + x''}{2} \times a.$$

Or la somme des racines de l'équation

$$x^2 - 4ax + 2a^2 = o$$

est égale à

$$x' + x'' = 4a.$$

Donc l'aire du trapèze mesure

$$2a \times a = 2a^2.$$

2° Le centre d'un cercle tangent aux droites DC, DA et AB est le point de concours des bissectrices des angles CDA et DAB, soit O.

Ce cercle étant tangent aux droites parallèles DC et AB, son diamètre est égal à a; il suffit de prouver que la longueur de la perpendiculaire OH abaissée de O sur BC $= \frac{a}{2}$.

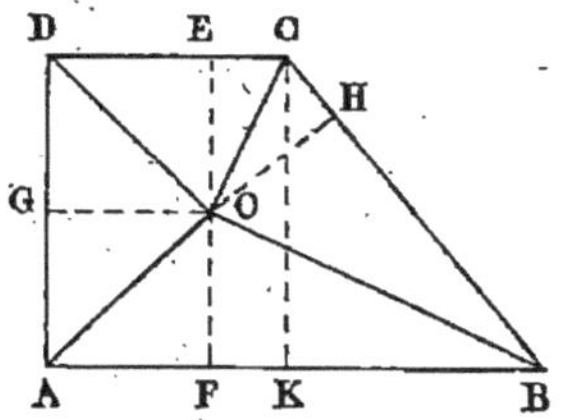

Fig. 25.

Or, l'aire du trapèze est la somme des aires des triangles AOD, AOB, COD et COB. On a donc

$$2a^2 = \frac{a^2}{4} + \frac{x' + x''}{2} \times \frac{a}{2} + \frac{BC}{2} \times OH$$

Le triangle rectangle BCK donne

$$\overline{BC}^2 = \overline{BK}^2 + \overline{CK}^2$$
$$= (x'' - x')^2 + a^2$$
$$= [(x'' + x')^2 - 4x'x''] + a^2,$$

ou, puisque $x'' + x' = 4a$ et $x'x'' = 2a^2$,

$$\overline{BC}^2 = 16a^2 - 8a^2 + a^2 = 9a^2,$$

soit $BC = 3a$.

On a donc

$$2a^2 = \frac{a^2}{4} + a^2 + \frac{3a}{2} \times OH.$$

On en déduit

$$OH = \frac{2a^2 - \frac{a^2}{4} - a^2}{\frac{3a}{2}} = \frac{a}{2},$$

ce qui prouve que le cercle O est tangent à BC.

3° Suppposons le problème résolu et soit M un point tel que

$$\text{aire AMB} = \text{aire DMC}.$$

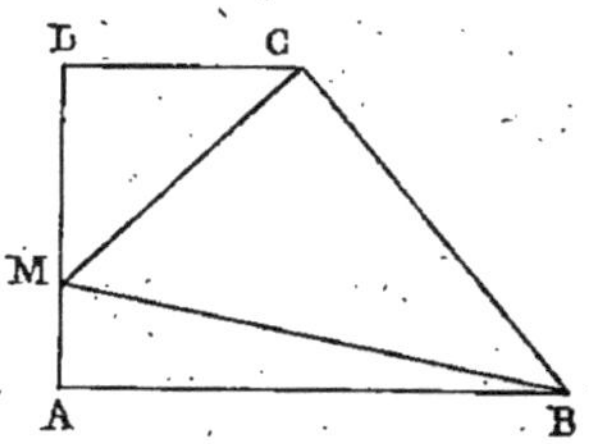

Fig. 26.

On a donc

$$\frac{1}{2}\text{AB}.\text{AM} = \frac{1}{2}\text{CD}.\text{DM}$$

ou

$$\frac{\text{AM}}{\text{DM}} = \frac{\text{CD}}{\text{AB}}.$$

Il suffit donc de partager AD dans le rapport connu $\frac{\text{CD}}{\text{AB}}$.

On prend sur DC une longueur

$$\text{DP} = \text{AB},$$

et sur le prolongement de BA

$$\text{AQ} = \text{DC}.$$

La droite PQ coupe AD en un point M tel que l'on a

$$\frac{\text{MA}}{\text{MD}} = \frac{\text{AQ}}{\text{DP}} = \frac{\text{DC}}{\text{AB}}.$$

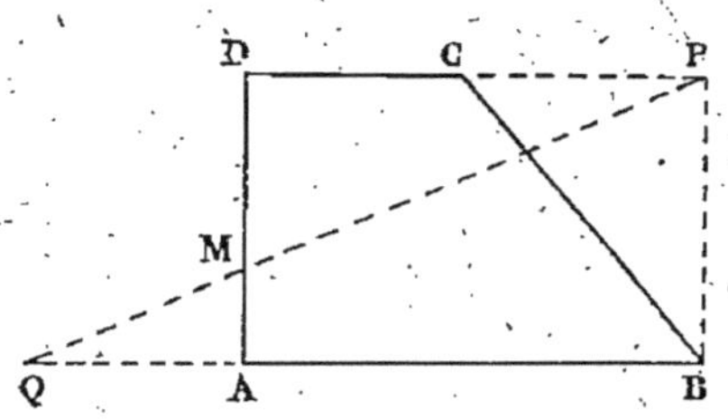

Fig. 27.

Le point M est le point cherché.

4° L'aire du triangle CMB est la différence entre l'aire du trapèze et la somme des aires des triangles équivalents AMB et DMC.

Or,
$$\text{aire AMB} = \frac{1}{2}\text{AB} \times \text{AM}.$$

Puisque
$$\frac{\text{AM}}{\text{MD}} = \frac{x'}{x''},$$

$$\frac{\text{AM}}{x'} = \frac{\text{MD}}{x''} = \frac{\text{AM}+\text{MD}}{x'+x''} = \frac{a}{4a} = \frac{1}{4}.$$

Donc
$$\text{AM} = \frac{x'}{4},$$

et
$$\text{aire AMB} = \frac{1}{2}x'' \times \frac{x'}{4}$$

$$= \frac{x'x''}{8} = \frac{a^2}{4}.$$

L'aire du triangle CMB est égale à

$$2a^2 - 2 \times \frac{a^2}{4} = \frac{3a^2}{2}.$$

---

23. Énoncé. — Trois points M, P, Q étant situés entre les extrémités d'une droite AB (l'ordre des points est A, M, P, Q, B, de gauche à droite), on demande :

1° De construire le triangle rectangle ACP admettant AP comme hypoténuse et MC comme hauteur;

2° De construire le triangle rectangle BDP admettant BP comme hypoténuse et DQ comme bissectrice:

3° De mesurer l'aire du quadrilatère ABDC en supposant AB = 16^m, sachant en outre que les segments AM, MP, PQ, QB forment une progression arithmétique dont la raison est égale à 2 mètres. (*Aspirants, Dijon.*)

Solution. — Supposons le problème résolu et soit ACP le triangle

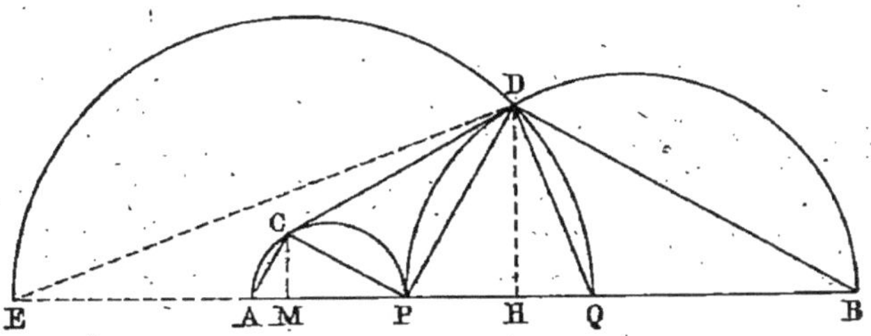

Fig. 28.

cherché. Le sommet C se trouve sur la perpendiculaire élevée en M à AP; l'angle ACP étant droit, C est aussi sur la circonférence ayant AP pour diamètre; il est donc à l'intersection de ces deux lignes.

De cette analyse résulte la construction suivante : on décrit la circonférence de diamètre AP; en M on élève la perpendiculaire à AP qui coupe la circonférence en C; on tire CA et CP.

M étant entre A et P, le problème est toujours possible.

2° Supposons le problème résolu et soit DPB le triangle cherché. L'angle PDB étant droit, D est sur la circonférence de diamètre

PB. Menons la bissectrice de l'angle extérieur en D, qui rencontre le prolongement de BP en E; DQ et DE étant bissectrices de deux angles adjacents supplémentaires sont perpendiculaires; donc D est sur la circonférence de diamètre EQ.

Or, ces bissectrices donnent les relations :

$$\frac{QP}{QB}=\frac{DP}{DB}$$

et

$$\frac{EP}{EB}=\frac{DP}{DB}.$$

Il en résulte la proportion

$$\frac{QP}{QB}=\frac{EP}{EB};$$

donc le point E partage PB dans le même rapport que le point Q; on sait le déterminer.

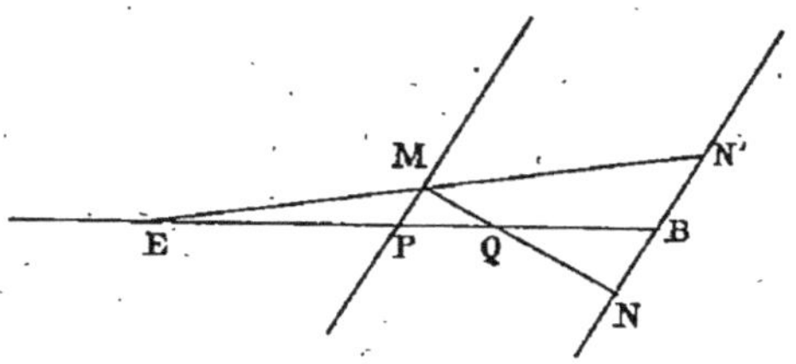

Fig. 20.

De cette analyse résulte la construction suivante :

On décrit la circonférence de diamètre PB;

On cherche le point E qui partage PB dans le même rapport que le point Q (on peut mener par P et B deux parallèles quelconques et par Q une droite coupant ces parallèles en M et N, puis prendre sur BN une longueur égale BN'; la droite N'M coupe PB au point cherché puisque l'on a

$$\frac{EP}{EB}=\frac{MP}{BN'}=\frac{MP}{BN}=\frac{QP}{QB}\Big).$$

On décrit la circonférence de diamètre EQ qui coupe la première en D; on tire DP et DB.

Le point Q étant entre P et B, les deux demi-circonférences se coupent nécessairement; donc le problème est toujours possible.

3° Les segments AM, MP, PQ et QB sont tels que l'on ait

$$MP=AM+2$$
$$PQ=MP+2=AM+4$$
$$QB=PQ+2=AM+6.$$

Leur somme étant égale à 16^m,

$$4AM+2+4+6=16^m.$$

On en tire : $AM = \frac{16 - 2 - 4 - 6}{4} = 1^m$,

$$MP = 1^m + 2^m = 3^m,$$

$$PQ = 3^m + 2^m = 5^m$$

et $$QB = 5^m + 2^m = 7^m.$$

Les perpendiculaires CM et DH à AB décomposent le quadrilatère ACDB en deux triangles rectangles ACM et DHB et un trapèze CDHM.

L'aire de ACM est égale à

$$\frac{AM \times CM}{2}.$$

Or, $$\overline{CM}^2 = AM \times MP$$
$$= 1 \times 3 = 3.$$

Donc $$CM = \sqrt{3}$$

et $$\text{aire } ACM = \frac{1 \times \sqrt{3}}{2} = \frac{\sqrt{3}}{2}.$$

L'aire du trapèze est égale à

$$\frac{CM + DH}{2} \times MH.$$

Pour calculer DH, remarquons que le triangle rectangle PDB donne

$$\overline{DH}^2 = PH.HB.$$

Or, dans le même triangle, d'une part

$$\frac{\overline{DP}^2}{PH} = \frac{\overline{DB}^2}{HB}, \qquad (1)$$

les carrés des côtés de l'angle droit étant proportionnels aux projections de ces côtés sur l'hypoténuse;

d'autre part

$$\frac{DP}{PQ} = \frac{DB}{QB},$$

la bissectrice DQ partageant le côté PB en segments proportionnels aux côtés adjacents.

De la dernière égalité on tire

$$\frac{\overline{DP}^2}{\overline{PQ}^2} = \frac{\overline{DB}^2}{\overline{QB}^2}$$

ou
$$\frac{\overline{DP}^2}{25} = \frac{\overline{DB}^2}{49}. \qquad (2)$$

En divisant membre à membre les égalités (2) et (1) on obtient

$$\frac{PH}{25} = \frac{HB}{49}$$

et par conséquent

$$\frac{PH}{25} = \frac{HB}{49} = \frac{PB}{25+49} = \frac{12}{74} \quad \text{ou} \quad \frac{6}{37}.$$

On en déduit successivement :

$$PH = \frac{25 \times 6}{37},$$

$$HB = \frac{49 \times 6}{37},$$

$$PH \times HB \quad \text{ou} \quad \overline{DH}^2 = \frac{25 \times 6 \times 49 \times 6}{37^2},$$

soit
$$DH = \frac{5 \times 6 \times 7}{37} = \frac{210}{37}.$$

Puisque
$$MH = MP + PH$$
$$= 3 + \frac{150}{37} = \frac{261}{37}$$

l'aire du trapèze est égale à

$$\frac{\sqrt{3} + \frac{210}{37}}{2} \times \frac{261}{37} = \frac{(37\sqrt{3} + 210)\,261}{2 \times 37^2}.$$

Enfin l'aire du triangle DHB est égale à

$$\frac{DH \times HB}{2} = \frac{\frac{210}{37} \times \frac{49 \times 6}{37}}{2}$$
$$= \frac{61\,740}{2 \times 37^2}.$$

L'aire du quadrilatère ACDB est donc égale à

$$\frac{\sqrt{3}}{2} + \frac{(37\sqrt{3} + 210)\,261}{2 \times 37^2} + \frac{61\,740}{2 \times 37^2}$$
$$= \frac{37\sqrt{3}\,(37 + 261) + 210 \times 261 + 61\,740}{2 \times 37^2} = 49^{m^2},55.$$

24. ÉNONCÉ. — On donne deux circonférences O et O' tangentes extérieurement en A. On mène une tangente commune BB', ainsi que la perpendiculaire en A à la droite OO'. Démontrer : 1° que cette perpendiculaire rencontre BB' en son milieu C; 2° que le triangle OCO' est rectangle; 3° sachant que les rayons sont égaux respectivement à 2 m. 80 et à 6 m. 30, calculer la longueur de AC, ainsi que la surface du trapèze OBB'O'. (*Aspirants, Montpellier.*)

SOLUTION. — 1° La perpendiculaire AC à la droite des centres OO' est tangente commune aux 2 circonférences.

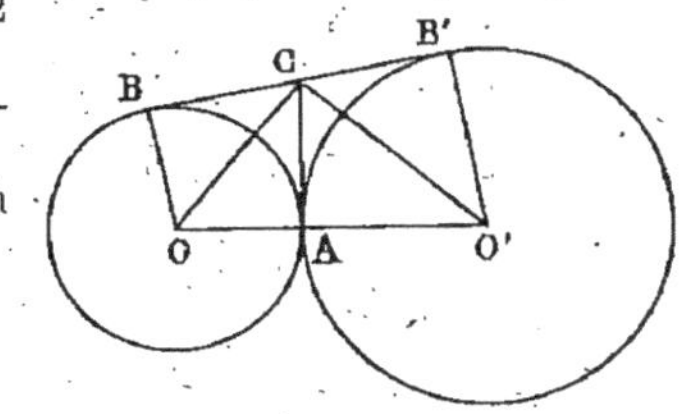

Fig. 30.

On a CA = CB comme tangentes à O issues du point C, et CA = CB' comme tangentes à O' issues du point C.

On en déduit

$$CB = CB'.$$

2° Les droites CA et CB étant tangentes à la circonférence O, la droite CO qui joint leur point de concours C au centre O est bissectrice de l'angle BCA.

De même CO' est bissectrice de l'angle B'CA.

Ces angles BCA et B'CA étant adjacents et supplémentaires, leurs bissectrices sont perpendiculaires. Donc l'angle OCO' est droit et le triangle est rectangle.

3° Dans ce triangle rectangle OCO', AC est la hauteur abaissée du sommet de l'angle droit sur l'hypoténuse. On a donc

$$\overline{AC}^2 = OA \times O'A = 2,8 \times 6,5.$$

D'où

$$AC = \sqrt{2,8 \times 6,5} = 4^{m},2.$$

On peut remarquer que les triangles ACO, BCO d'une part, ACO', B'CO' d'autre part sont égaux. Donc l'aire du trapèze OBB'O' est le double de l'aire du triangle OCO'.

Or celle-ci est égale à

$$\frac{OO' \times AC}{2} = \frac{(2,8 + 6,5)\ 4,2}{2}.$$

Donc celle du trapèze est égale à

$$(2,8 + 6,5)\ 4,2 = 38^{m^2},22.$$

25. Énoncé. — Dans un triangle isocèle ABC on mène la droite DE parallèle à la base BC et tangente au cercle inscrit dans ce triangle. On demande de calculer en fonction de la hauteur h de ce triangle et du rayon r du cercle inscrit :

1° Le périmètre du trapèze obtenu BDEC;

2° La surface de ce trapèze.

Que deviennent les formules trouvées lorsque le triangle est équilatéral?

Application numérique. — $h = 150$ mètres et le triangle est équilatéral. (*Aspirants, Nancy*).

Solution. — 1° Le triangle ABC étant isocèle, le centre O du cercle inscrit se trouve sur la hauteur AH, et le point H est le milieu de BC.

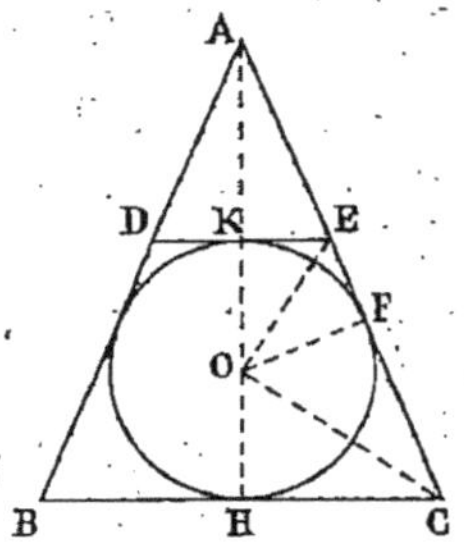
Fig. 31.

Le triangle ADE est aussi isocèle et la hauteur AK partage DE en deux parties égales.

Le trapèze BDEC est isocèle et BD = EC.

Le périmètre du trapèze est donc égal à

$$2EK + 2EC + 2CH.$$

Soit F le point de tangence du côté EC :

$$EF = EK$$

et

$$FC = CH.$$

Le périmètre du trapèze est égal à

$$2EF + 2EC + 2FC = 4EC.$$

Les triangles semblables AKE et AHC donnent

$$\frac{EK}{CH} = \frac{AK}{AH},$$

ou en remplaçant EK par EF, CH par CF, AK par $h - 2r$ et AH par h,

$$\frac{EF}{CF} = \frac{h - 2r}{h}. \qquad (1)$$

Les droites EO et CO sont bissectrices des angles supplémentaires DEC et ECB; les angles OEC et OCE sont donc complémentaires et le triangle EOC est rectangle.

La hauteur OF est moyenne proportionnelle entre les segments EF et CF, ou

$$EF \times CF = r^2. \qquad (2)$$

Le produit membre à membre des égalités (1) et (2) donne

$$\overline{EF}^2 = \frac{r^2(h-2r)}{h}$$

ou

$$EF = r\sqrt{\frac{h-2r}{h}}.$$

Le quotient obtenu en divisant (2) par (1) membre à membre est égal à

$$\overline{CF}^2 = \frac{r^2 h}{h-2r}$$

ou

$$CF = r\sqrt{\frac{h}{h-2r}}.$$

On en tire

$$EC = r\sqrt{\frac{h-2r}{h}} + r\sqrt{\frac{h}{h-2r}}.$$

Le périmètre du trapèze mesure donc

$$4EC = 4r\left[\frac{\sqrt{h-2r}}{\sqrt{h}} + \frac{\sqrt{h}}{\sqrt{h-2r}}\right]$$

$$= 4r \times \frac{h-2r+h}{\sqrt{h(h-2r)}}$$

$$= \frac{8r(h-r)}{\sqrt{h(h-2r)}}.$$

2° L'aire du trapèze est égale à

$$\frac{DE+BC}{2} \times HK = (EF+FC)\,HK$$

$$= EC \times HK;$$

en remplaçant EC par

$$\frac{2r(h-r)}{\sqrt{h(h-2r)}}$$

et HK par $2r$, on trouve :

$$\text{aire BCED} = \frac{4r^2(h-r)}{\sqrt{h(h-2r)}}.$$

3° Si le triangle est équilatéral, les bissectrices, les hauteurs et les médianes se confondent. Le centre du cercle inscrit est donc le point de concours des hauteurs et des médianes ; il en résulte l'égalité

$$r = \frac{h}{3} \qquad \text{ou} \qquad h = 3r.$$

Si l'on remplace dans les égalités précédentes h par $3r$, on obtient

$$\text{pér. BCED} = \frac{8r \times 2r}{\sqrt{3r \times r}} = \frac{16r^2}{r\sqrt{3}} = \frac{16r\sqrt{3}}{3};$$

$$\text{aire BCED} = \frac{4r^2 \times 2r}{\sqrt{3r \times r}} = \frac{8r^3}{r\sqrt{3}} = \frac{8r^2\sqrt{3}}{3}.$$

4° Si $h = 150$ mètres, $r = 50$ mètres.
Le périmètre du trapèze est égal à

$$\frac{16 \times 50 \times \sqrt{3}}{3} = 461^{m},88,$$

et son aire mesure

$$\frac{8 \times 50^2 \times \sqrt{3}}{3} = 11\,547^{m2}.$$

---

26. ÉNONCÉ. — Étant donné un trapèze isocèle ABCD, on joint les milieux M, N, P, Q des côtés AB, BC, CD, DA.

1° Démontrer que le quadrilatère MNPQ est un losange.

2° Quelle relation doit exister entre les côtés du trapèze isocèle pour que le losange inscrit soit un carré?

3° Calculer la surface du trapèze, connaissant le côté $a = 3$ m. 45 du carré inscrit. (*Aspirants, Poitiers.*)

SOLUTION. 1° Menons les diagonales AC et BD. Dans le triangle ABC, la droite MN joint les milieux M et N des côtés AB et BC ; on a donc

$$\text{MN} = \frac{\text{AC}}{2}.$$

De même les triangles BCD, CDA et DAB donnent :

$$NP = \frac{BD}{2},$$

$$PQ = \frac{AC}{2},$$

$$QM = \frac{BD}{2}.$$

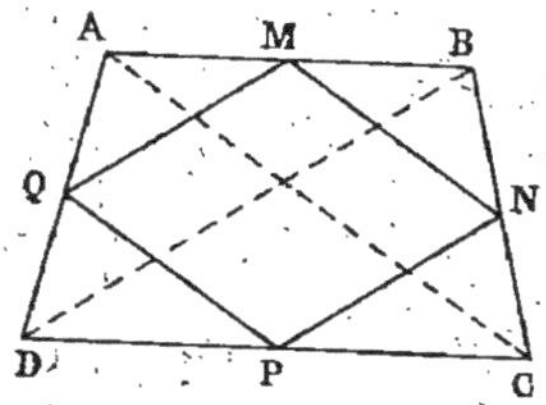

Fig. 52.

Or le trapèze étant isocèle, ses diagonales AC et BD sont égales; on en déduit

$$MN = NP = PQ = QM,$$

et par conséquent MNPQ est un losange.

2° Pour que MNPQ soit un carré, il faut que ses diagonales soient égales.

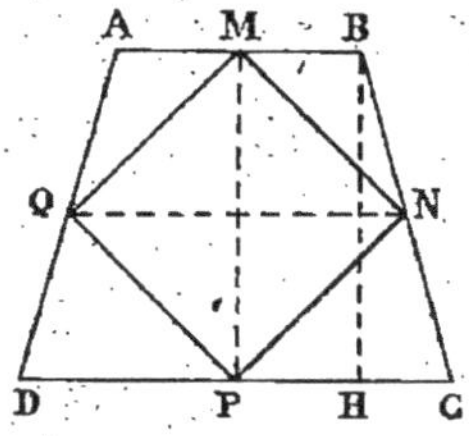

Fig. 53.

Or la diagonale QN joignant les milieux des côtés non parallèles du trapèze est égale à la demi-somme des bases, soit, en posant $AB = b$ et $CD = a$,

$$QN = \frac{a+b}{2}.$$

Le trapèze étant isocèle, la droite MP qui joint les milieux des bases est perpendiculaire aux bases et par suite égale à la hauteur BH du trapèze.

Le triangle rectangle BHC donne

$$\overline{BH}^2 = \overline{BC}^2 - \overline{CH}^2.$$

Or

$$CH = CP - PH$$

$$= CP - BM = \frac{a-b}{2};$$

si l'on pose $BC = c$,

on obtient $\overline{BH}^2 = c^2 - \left(\frac{a-b}{2}\right)^2.$

Pour que MNPQ soit un carré, il faut donc avoir

$$\left(\frac{a+b}{2}\right)^2 = c^2 - \left(\frac{a-b}{2}\right)^2,$$

soit $$\frac{(a+b)^2}{4}+\frac{(a-b)^2}{4}=c^2$$

ou enfin $$a^2+b^2=2c^2.$$

La somme des carrés des bases doit donc être égale à la somme des carrés des côtés non parallèles.

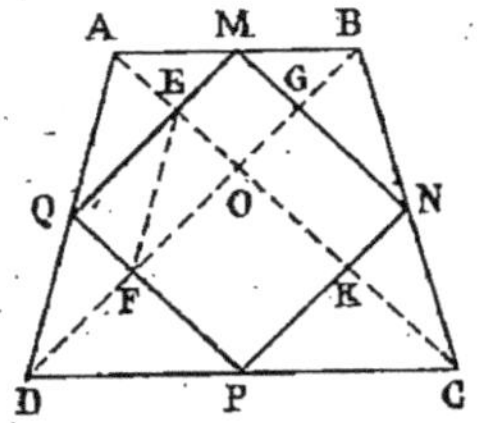

Fig. 54.

5° Soient E et F les points d'intersection de AC et QM, de BD et PQ. Le triangle AOD est décomposé en 4 triangles égaux AEQ, OEF, QFE et DQF. Donc le parallélogramme OEQF est la moitié du triangle ADO.

De même MEOG, GOKN et KOPF sont respectivement les moitiés des triangles AOB, BOC et COD.

Il en résulte que le carré est la moitié du trapèze ABCD.

Or l'aire du carré est égale à

$$(3,45)^2=11^{m^2},9025.$$

Donc l'aire du trapèze mesure

$$11^{m^2},9025\times 2=23^{m^2},805$$

---

27. Énoncé. — On a un trapèze isocèle ABCD : $AB=20^m$ $CD=30$ mètres, $AC=BD=15$ mètres.

1° Évaluer la surface de ce trapèze.

2° A quelle distance de AB doit-on mener une parallèle MN à AB pour que les aires des trapèzes ABMN, MNCD soient dans le rapport de 2 à 3? *(Aspirants, Besançon.)*

Solution. — 1° AH étant la hauteur du trapèze, l'aire mesure

$$\frac{20+30}{2}\times AH.$$

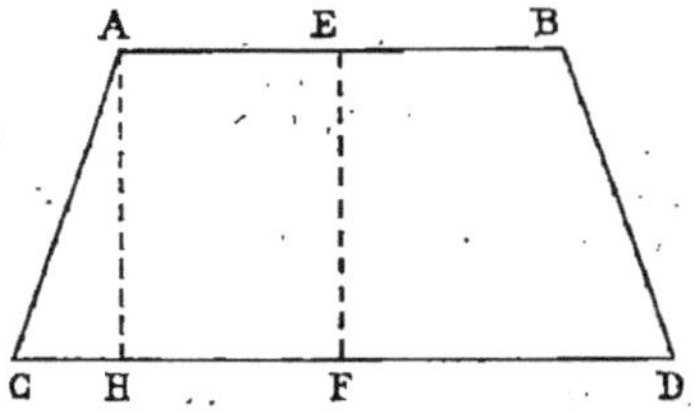

Fig. 55.

Or $\overline{AH}^2=\overline{AC}^2-\overline{CH}^2.$

Menons la droite EF qui joint les milieux des bases. Puisque le trapèze est isocèle, EF est parallèle à AH, et

$$HF=AE=\frac{AB}{2}.$$

On a donc

$$\begin{aligned} CH &= CF - HF \\ &= \frac{CD}{2} - \frac{AB}{2} = 15 - 10 \\ &= 5 \text{ mètres,} \end{aligned}$$

et

$$\overline{AH}^2 = 15^2 - 5^2 = 200.$$

La hauteur du trapèze est égale à

$$\sqrt{200} = 10\sqrt{2},$$

et son aire à

$$\frac{20+30}{2} \times 10\sqrt{2} = 353^{m^2},55 \text{ à } 0,1 \text{ près par défaut.}$$

2° Si la droite MN partage le trapèze ABCD dans le rapport $\frac{2}{5}$, ABMN est les $\frac{2}{5}$ de ABCD.

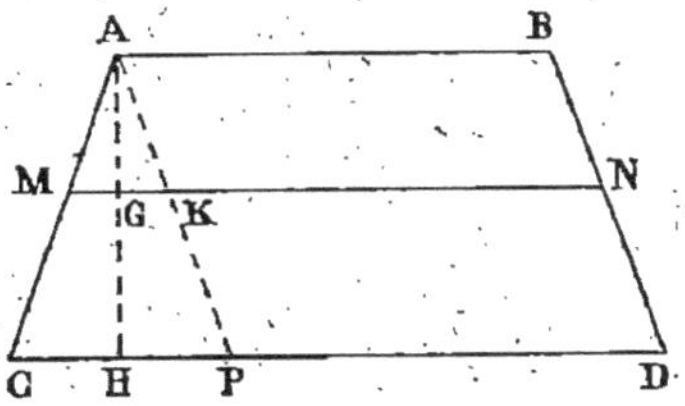

Fig. 56.

Posons $AG = x$ et $MN = y$. L'aire de ABMN est égale à

$$\frac{20+y}{2}x;$$

puisque celle de ABCD mesure $250 \times \sqrt{2}$, nous avons l'équation

$$\frac{20+y}{2}x = \frac{2}{5} \times 250 \times \sqrt{2},$$

soit

$$(20+y)x = 200 \times \sqrt{2}. \qquad (1)$$

Menons AKP parallèle à BD ; les triangles AMK et ACP sont semblables et

$$\frac{AG}{AH} = \frac{MK}{CP},$$

soit

$$\frac{x}{10\sqrt{2}} = \frac{y-20}{50-20}.$$

Nous en tirons

$$y = \frac{x}{\sqrt{2}} + 20.$$

Cette valeur de y étant substituée dans (1), nous obtenons l'équation

$$\left(\frac{x}{\sqrt{2}}+40\right)x=200\sqrt{2},$$

ou, en chassant le dénominateur et en écrivant tous les termes dans le premier membre,

$$x^2+40\sqrt{2}\,x-400=0.$$

Les termes extrêmes de cette équation ont des signes contraires; elle a donc deux racines de signes contraires; seule la racine positive convient au problème. Nous avons

$$x=-20\sqrt{2}+\sqrt{800+400}$$
$$=-20\sqrt{2}+20\sqrt{3}$$
$$=20(\sqrt{3}-\sqrt{2})=6^{m},35.$$

---

28. Énoncé. — Dans un cercle de rayon R est inscrit un trapèze isocèle ABCD; la diagonale AC fait un angle de 45° avec la base AB et un angle de 30° avec le côté AD. On propose :

1° D'évaluer les arcs sous-tendus par les côtés du trapèze ainsi que l'angle des deux diagonales;

2° De calculer l'aire du trapèze.

Effectuer le calcul pour R = 1 m. 40.

(Aspirants, Poitiers.)

Solution. — 1° L'angle inscrit BAC a même mesure que la moitié de l'arc BC; donc

$$\text{arc}\,\frac{BC}{2}=45^\circ$$

et

$$\text{arc}\,BC=90^\circ.$$

Les parallèles AB et CD interceptant des arcs égaux,

$$\text{arc}\,AD=90^\circ.$$

L'angle inscrit CAD a même mesure que la moitié de l'arc CD;

donc

$$\text{arc}\,\frac{CD}{2}=30^\circ$$

et
$$\text{arc } CD = 60^\circ.$$

L'arc AB mesure

$$360^\circ - (90^\circ + 60^\circ + 90^\circ) = 120^\circ.$$

L'angle AED formé par les diagonales a même mesure que la demi-somme des arcs AD et BC compris entre ses côtés ; il vaut donc

$$\frac{90^\circ + 90^\circ}{2} = 90^\circ.$$

Les deux diagonales sont perpendiculaires.

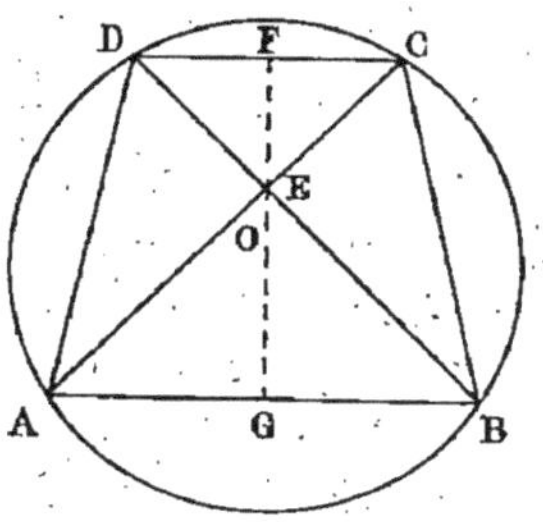

Fig. 57.

2° Les bases du trapèze AB et CD sous-tendent des arcs valant respectivement 120 et 60 degrés ; donc AB est le côté du triangle équilatéral inscrit et CD le côté de l'hexagone régulier inscrit ; on a

$$AB = R\sqrt{3} \quad \text{et} \quad CD = R.$$

Les perpendiculaires OG et OF aux bases sont en ligne droite ; OG est l'apothème du triangle équilatéral et OF l'apothème de l'hexagone régulier ; on a donc

$$OG = \frac{R}{2} \quad \text{et} \quad OF = \frac{R\sqrt{3}}{2},$$

et par suite la hauteur du trapèze est

$$FG = \frac{R\sqrt{3}}{2} + \frac{R}{2}$$
$$= \frac{R(\sqrt{3}+1)}{2}.$$

L'aire du trapèze est donc égale à

$$\frac{R\sqrt{3}+R}{2} \times \frac{R(\sqrt{3}+1)}{2}$$
$$= \frac{R^2(\sqrt{3}+1)^2}{4} = \frac{R^2(2+\sqrt{3})}{2}.$$

3° Si $R = 1^m,4$, l'aire du trapèze mesure

$$\frac{1,4^2(2+\sqrt{3})}{2} = 3^{m^2},65 \text{ à } 1^{cm^2} \text{ près par défaut.}$$

29. Énoncé. — Construire un hexagone régulier dont la surface soit égale à la différence des surfaces des hexagones réguliers inscrit et circonscrit à un cercle de rayon R.

Valeur du côté pour $R = 1$ m. 25.

(*Aspirants, Montpellier.*)

Solution. — 1° Soit x le côté de l'hexagone régulier dont la surface est égale à la différence des surfaces des hexagones réguliers ABCDEF et A'B'C'D'E'F' inscrit et circonscrit au cercle O de rayon R.

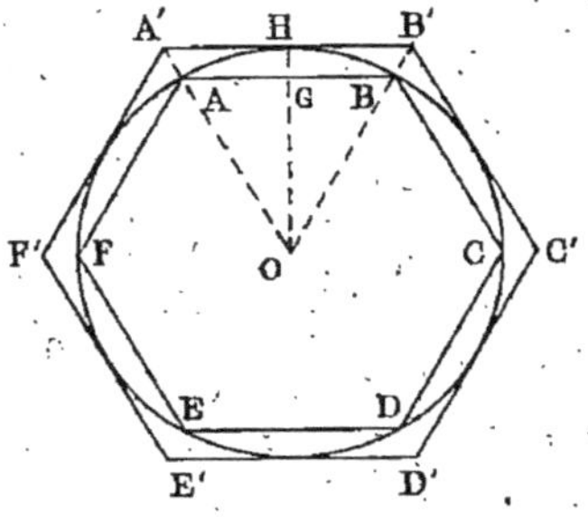

Fig. 58.

L'aire d'un polygone régulier est égale au produit de la moitié de son périmètre par son apothème.

L'apothème d'un hexagone régulier de côté x est égale à $\frac{x\sqrt{3}}{2}$, et son aire mesure

$$3x \times \frac{x\sqrt{3}}{2} = \frac{3x^2\sqrt{3}}{2}.$$

De même l'aire de l'hexagone régulier inscrit est égale à

$$\frac{3R^2\sqrt{3}}{2}.$$

L'apothème OH de l'hexagone régulier circonscrit est égal à R; entre l'apothème et le côté A'B', on a la relation

$$OH = \frac{A'B'\sqrt{3}}{2};$$

on en déduit

$$A'B' = \frac{2\,OH}{\sqrt{3}} = \frac{2\,OH\sqrt{3}}{3},$$

soit

$$A'B' = \frac{2R\sqrt{3}}{3};$$

par suite l'aire de l'hexagone régulier circonscrit est égale à

$$\frac{6R\sqrt{3}}{3} \times R = 2R^2\sqrt{3}.$$

On peut donc écrire l'équation :

$$\frac{3x^2\sqrt{3}}{2} = 2R^2\sqrt{3} - \frac{3R^2\sqrt{3}}{2},$$

soit en divisant les 2 membres par $\sqrt{3}$ et en chassant le dénominateur,

$$3x^2 = 4R^2 - 3R^2.$$

ou

$$x^2 = \frac{R^2}{3},$$

ce qui peut s'écrire

$$x^2 = R \times \frac{R}{3}.$$

x est donc moyenne proportionnelle entre R et $\frac{R}{3}$.

De cette analyse résulte la construction suivante :

On partage un rayon OC en 3 parties égales ; on décrit sur OC comme diamètre une demi-circonférence qui rencontre en P la perpendiculaire élevée au premier point de division M ; la droite OP est le côté de l'hexagone cherché.

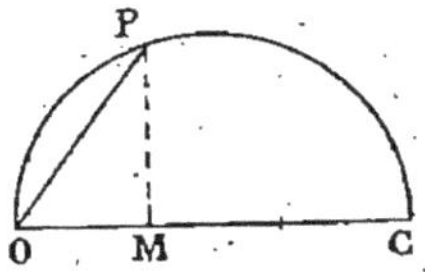

Fig. 59.

Il suffit alors de décrire une circonférence de rayon OP et d'y inscrire un hexagone régulier.

2° Si $R = 1^m25$, $x^2 = \frac{(1,25)^2}{3}$

et par suite

$$x = \frac{1,25}{\sqrt{3}} = \frac{1,25\sqrt{3}}{3}$$

$$= 0^m72 \text{ à } 1^{cm} \text{ près par défaut.}$$

---

30. Énoncé. — Calculer à 1 centimètre près les rayons de deux circonférences concentriques sachant :

1° Que le rayon de la plus grande surpasse de 1 mètre le rayon de la plus petite ;

2° Que l'aire de l'hexagone régulier circonscrit à la plus grande surpasse de 6 mètres carrés l'aire de l'hexagone régulier inscrit dans la plus petite. (*Aspirants, Lyon.*)

Solution. — Soient x et y mètres les rayons cherchés.
On a immédiatement l'équation

$$x - y = 1. \qquad (1)$$

L'hexagone régulier circonscrit au cercle de rayon x a pour apothème x; son côté c est donc tel que l'on ait

$$x = \frac{c\sqrt{3}}{2},$$

et par conséquent

$$c = \frac{2x}{\sqrt{3}} = \frac{2x\sqrt{3}}{3}.$$

L'aire de cet hexagone est égale à

$$\frac{6c}{2} \times x = 2x\sqrt{3} \times x$$
$$= 2x^2\sqrt{3}.$$

L'hexagone régulier inscrit dans le cercle de rayon y a un apothème mesurant $\frac{y\sqrt{3}}{2}$;
son aire est égale à

$$\frac{6y}{2} \times \frac{y\sqrt{3}}{2} = \frac{3y^2\sqrt{3}}{2}.$$

On a donc l'équation

$$2x^2\sqrt{3} - \frac{3y^2\sqrt{3}}{2} = 6$$

que l'on peut écrire

$$4x^2\sqrt{3} - 3y^2\sqrt{3} = 12$$

ou, en divisant les deux membres par $\sqrt{3}$,

$$4x^2 - 3y^2 = \frac{12}{\sqrt{3}} = \frac{12\sqrt{3}}{3}$$

ou

$$4x^2 - 3y^2 = 4\sqrt{3}. \qquad (2)$$

De l'équation (1), on tire

$$y = x - 1.$$

Cette valeur substituée dans (2) donne

$$4x^2 - 3(x^2 - 2x + 1) = 4\sqrt{3},$$

ou $$4x^2 - 3x^2 + 6x - 3 - 4\sqrt{3} = 0,$$

soit enfin $$x^2 + 6x - (3 + 4\sqrt{3}) = 0.$$

Les termes extrêmes de cette équation ayant des signes contraires, l'équation a deux racines de signes contraires. Seule la racine positive convient au problème. On a

$$\begin{aligned} x &= -3 + \sqrt{9 + 3 + 4\sqrt{3}} \\ &= -3 + 2\sqrt{3 + \sqrt{3}} \\ &= 1^m,35 \text{ à } 1^{cm} \text{ près par défaut.} \end{aligned}$$

On en déduit

$$y = 1^m,35 - 1^m = 0^m,35.$$

---

31. ÉNONCÉ. — Les côtés de trois octogones réguliers ont respectivement 12, 16 et 48 mètres. On demande :

1° Le côté et la surface de l'octogone régulier équivalent à la somme des trois premiers ;

2° La surface du cercle inscrit à ce dernier polygone.

(*Aspirants, Grenoble.*)

SOLUTION. — Soient a le côté d'un octogne régulier et R le rayon du cercle circonscrit.

Dans le triangle AOB, l'angle O vaut $\frac{360^\circ}{8} = 45^\circ$; le carré du côté opposé est égal à la somme des carrés des deux autres côtés, diminuée du double produit de l'un de ces côtés par la projection de l'autre sur lui, soit

$$\overline{AB}^2 = 2R^2 - 2R \times OH, \quad (1)$$

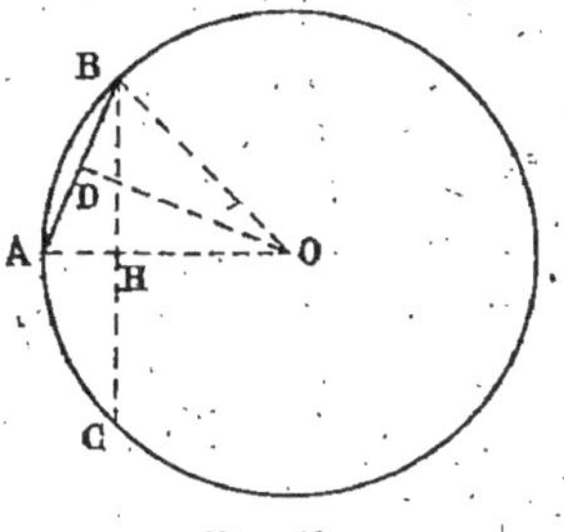

Fig. 40.

OH étant la projection de OB sur OA.

Or OH étant perpendiculaire à BC, A est le milieu de l'arc BC; puisque l'arc AB mesure 45°, l'arc BC mesure 90° et la corde BC est le côté du carré inscrit dans la circonférence.

On a ainsi $$BC = R\sqrt{2}$$

et l'apothème. $$OH = \frac{R\sqrt{2}}{2}.$$

L'égalité (1) peut donc s'écrire

$$a^2 = 2R^2 - R^2\sqrt{2}$$
$$= R^2(2-\sqrt{2}). \quad (2)$$

Soit OD l'apothème de l'octogone régulier; le triangle rectangle AOD donne

$$\overline{OD}^2 = \overline{OA}^2 - \overline{AD}^2$$
$$= R^2 - \frac{a^2}{4}.$$

Or, de l'égalité (2) on tire

$$R^2 = \frac{a^2}{2-\sqrt{2}}$$
$$= \frac{a^2(2+\sqrt{2})}{2}.$$

Donc $$\overline{OD}^2 = \frac{a^2(2+\sqrt{2})}{2} - \frac{a^2}{4}$$
$$= \frac{a^2(3+2\sqrt{2})}{4}$$

et $$OD = \frac{a\sqrt{3+2\sqrt{2}}}{2} = \frac{a\sqrt{(\sqrt{2}+1)^2}}{2} = \frac{a(\sqrt{2}+1)}{2}.$$

L'aire de l'octogone régulier est égale au produit du périmètre par la moitié de l'apothème, soit

$$8a \times \frac{a(\sqrt{2}+1)}{4} = 2a^2(\sqrt{2}+1).$$

En appelant x le côté de l'octogone cherché, a, b, c les côtés donnés, on peut donc écrire

$$2x^2(\sqrt{2}+1) = 2a^2(\sqrt{2}+1) + 2b^2(\sqrt{2}+1) + 2c^2(\sqrt{2}+1),$$

ou, en divisant les deux membres par $2(\sqrt{2}+1)$,

$$x^2 = a^2 + b^2 + c^2.$$

Si $$a = 12^m,\ b = 16^m,\ c = 48^m,$$
$$x^2 = 12^2 + 16^2 + 48^2$$
$$= 144 + 256 + 2304 = 2704,$$

et $$x = \sqrt{2704} = 52^m.$$

L'aire de cet octogone est égale à

$$2 \times 52^2 (\sqrt{2}+1) = 5408 (\sqrt{2}+1)$$
$$= 13056^{m^2} \text{ à } 0,1 \text{ près par défaut.}$$

2° Le cercle inscrit a pour rayon l'apothème du polygone régulier, soit

$$\frac{x\sqrt{3+2\sqrt{2}}}{2},$$

et son aire est égale à

$$\frac{\pi x^2 (3+2\sqrt{2})}{4} = \frac{\pi \times 2704 (3+2\sqrt{2})}{4}$$
$$= 12377^{m^2},8 \text{ à } 0,1 \text{ près par défaut.}$$

---

32. Énoncé. — On trace dans un cercle, de part et d'autre du centre, deux cordes parallèles, l'une égale au côté du triangle équilatéral et l'autre au côté de l'hexagone régulier inscrit. On joint leurs extrémités et on obtient un trapèze dont la surface est de 10 mètres carrés. On demande :

1° La surface du cercle ;

2° Le périmètre du trapèze. (*Aspirants, Bordeaux.*)

Solution. — 1° Soit R le rayon du cercle ; les bases du trapèze sont respectivement

$$AB = R\sqrt{3}$$

et

$$CD = R.$$

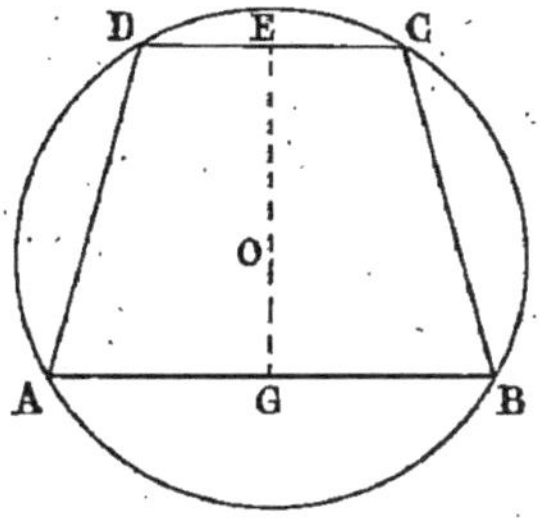

Fig. 41.

Les perpendiculaires OE et OG aux bases sont en ligne droite ; OE est l'apothème de l'hexagone régulier et OG l'apothème du triangle équilatéral ; on a donc

$$OE = \frac{R\sqrt{3}}{2} \quad \text{et} \quad OG = \frac{R}{2}$$

et par suite la hauteur du trapèze est égale à

$$\frac{R(\sqrt{3}+1)}{2}.$$

L'aire du trapèze est égale à

$$\frac{R\sqrt{3}+R}{2}\times\frac{R(\sqrt{3}+1)}{2}=\frac{R^2(\sqrt{3}+1)^2}{4}.$$

On peut donc écrire l'équation

$$\frac{R^2(\sqrt{3}+1)^2}{4}=10$$

d'où l'on tire $$R^2=\frac{40}{(\sqrt{3}+1)^2}$$

L'aire du cercle mesure

$$\frac{\pi\times 40}{(\sqrt{3}+1)^2}=\frac{\pi\times 40}{4+2\sqrt{3}}$$

$$=\frac{\pi\times 20\ (2-\sqrt{3})}{(2+\sqrt{3})(2-\sqrt{3})}=\pi\times 20\,(2-\sqrt{3})$$

$$=16^{m^2},83 \text{ à } 1^{dm^2} \text{ près par défaut.}$$

2° Les arcs AB et CD valent respectivement 120 et 60°; donc la somme des arcs égaux AD et BC vaut

$$360^\circ-(120^\circ+60^\circ)=180^\circ$$

et chacun d'eux vaut 90°

Par suite les cordes AD et BC sont égales au côté du carré inscrit dans le cercle, soit

$$AD=BC=R\sqrt{2}.$$

Le périmètre du trapèze mesure

$$R\sqrt{3}+2R\sqrt{2}+R=R(\sqrt{3}+2\sqrt{2}+1).$$

Or $$R=\frac{\sqrt{40}}{\sqrt{3}+1}=\frac{2\sqrt{10}\ (\sqrt{3}-1)}{(\sqrt{3}+1)(\sqrt{3}-1)}$$

$$=\sqrt{10}\,(\sqrt{3}-1).$$

Donc le périmètre du trapèze est égal à

$$\sqrt{10}\,(\sqrt{3}-1)(\sqrt{3}+2\sqrt{2}+1)$$

$$=\sqrt{10}\,(2+2\sqrt{6}-2\sqrt{2})$$

$$=2\,(\sqrt{10}+\sqrt{60}-\sqrt{20})=12^{m},87 \text{ à } 1^{cm} \text{ près.}$$

33. Énoncé. — Un terrain a la forme d'un rectangle AA'BB' terminé par deux demi-circonférences O et O', ayant pour diamètres les côtés AB et A'B' du rectangle.

Trouver les dimensions : $AB = x$, $AA' = y$ du rectangle, connaissant la surface S du terrain et son périmètre l.

Application numérique : $l = 100$ mètres, $S = 2$ ares.
— Prendre pour valeur de π : $\frac{22}{7}$. *(Aspirants, Rennes.)*

Solution. — 1° Le périmètre du terrain se compose des deux côtés égaux AA' et BB' du rectangle AA'B'B et des deux demi-circonférences égales qui ont pour diamètres les côtés AB et A'B' du rectangle. On a donc l'équation

$$2y + \pi x = l. \quad (1)$$

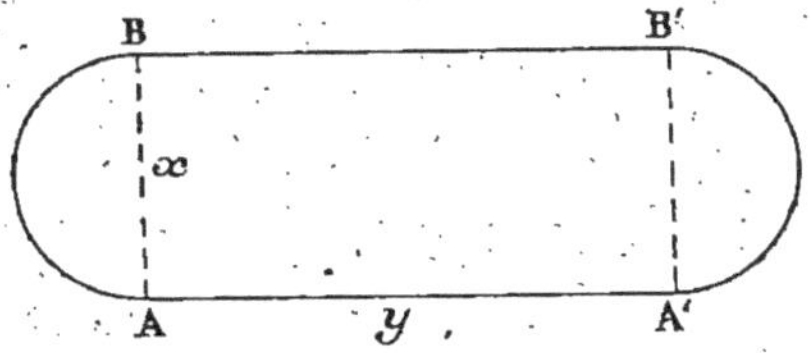

Fig. 42.

L'aire du terrain est égale à celle du rectangle, plus celle des deux demi-cercles égaux ; on peut donc écrire

$$xy + \frac{\pi x^2}{4} = S. \quad (2)$$

De l'équation (1) on tire

$$y = \frac{l - \pi x}{2};$$

cette valeur étant substituée dans (2) donne

$$\frac{lx - \pi x^2}{2} + \frac{\pi x^2}{4} = S.$$

En chassant les dénominateurs et en faisant passer tous les termes dans le premier membre, on obtient, après réduction,

$$\pi x^2 - 2lx + 4S = 0.$$

Si les racines de cette équation existent, elles sont données par la formule

$$x = \frac{l \pm \sqrt{l^2 - 4\pi S}}{\pi}.$$

L'équation a des racines si la quantité sous radical est positive ou nulle, c'est-à-dire si l'on a

$$l^2 \geqslant 4\pi S.$$

Ces racines conviennent au problème si elles sont positives et si elles donnent pour y, des valeurs positives.

Or on a évidemment

$$l > \sqrt{l^2 - 4\pi S};$$

donc les deux valeurs de x sont positives.

Elles conviennent si $l - \pi x$ est positif, soit

$$l > \pi x.$$

Or la plus grande donne

$$\pi x = l + \sqrt{l^2 - 4\pi S},$$

valeur supérieure à l; elle est donc à rejeter.

La plus petite donne

$$\pi x = l - \sqrt{l^2 - 4\pi S},$$

valeur inférieure à l; elle convient donc au problème.

On a
$$y = \frac{l - (l - \sqrt{l^2 - 4\pi S})}{2}$$
$$= \frac{\sqrt{l^2 - 4\pi S}}{2}.$$

2° *Application.* — Si $l = 100^m$ et $S = 2^a = 200^{m^2}$, on a bien

$$(100)^2 > 4 \times \frac{22}{7} \times 200.$$

On trouve

$$x = \frac{100 - \sqrt{10000 - 4 \times \frac{22}{7} \times 200}}{\frac{22}{7}}$$
$$= 4^m,20$$

et
$$y = \frac{\sqrt{10000 - 4 \times \frac{22}{7} \times 200}}{2}$$
$$= 43^m,26.$$

34. Énoncé. — On donne deux circonférences O et O′ tangentes extérieurement au point C. Le rayon de la circonférence O est le triple du rayon r de la circonférence O′. On trace la tangente extérieure AA′. Calculer, en fonction de r :

1° La longueur de la tangente extérieure;

2° La surface ACA′ comprise entre la tangente extérieure et les circonférences.

Application numérique : $r = 3$ centimètres.

(*Aspirants, Dijon-Paris.*)

Solution. — Menons les rayons OA et O′A′, et la droite O′B parallèle à AA′. Le quadrilatère AA′O′B est un rectangle et $AA' = O'B$.

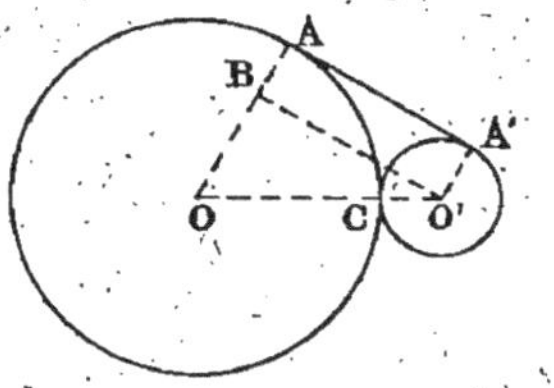

Fig. 45.

Dans le triangle rectangle OBO′,

$$\overline{O'B}^2 = \overline{OO'}^2 - \overline{OB}^2.$$

Or $$OO' = OC + CO'$$
$$= 3r + r = 4r$$

et $$OB = OA - AB$$
$$= 3r - r = 2r.$$

Donc $$\overline{O'B}^2 = 16r^2 - 4r^2$$
$$= 12r^2$$

et par suite $$O'B = \sqrt{12r^2} = 2r\sqrt{3},$$

soit $$AA' = 2r\sqrt{3}.$$

2° L'aire du triangle mixtiligne est la différence entre l'aire du trapèze AOO′A′ et la somme des aires des secteurs AOC et A′O′C.

L'aire du trapèze AOO′A′ est égale à

$$\frac{AO + A'O'}{2} \times AA' = \frac{3r + r}{2} \times 2r\sqrt{3}$$
$$= 4r^2\sqrt{3}.$$

Dans le triangle rectangle OBO′, le côté OB est la moitié de l'hypoténuse OO′; donc l'angle O vaut 60°; par suite l'aire du secteur AOB est égale à

$$\pi\overline{AO}^2 \times \frac{60}{360} = \frac{\pi \times 9r^2}{6}$$
$$= \frac{3\pi r^2}{2}.$$

L'angle CO'A' est supplémentaire de l'angle O ; il vaut 120° et l'aire du secteur CO'A' est égale à

$$\pi \overline{A'O'}^2 \times \frac{120}{360} = \frac{\pi r^2}{3}.$$

L'aire du triangle mixtiligne ACA' mesure donc

$$4r^2\sqrt{3} - \left(\frac{3\pi r^2}{2} + \frac{\pi r^2}{3}\right) = 4r^2\sqrt{3} - \frac{11\pi r^2}{6}$$
$$= \frac{r^2(24\sqrt{3} - 11\pi)}{6}.$$

5° Si $r = 3^{cm}$, la longueur de la tangente est

$$AA' = 2 \times 3 \times \sqrt{3}.$$
$$= 10^{cm},4 \text{ à } 1^{mm} \text{ près par excès.}$$

L'aire du triangle mixtiligne est égale à

$$\frac{9(24\sqrt{3} - 11\pi)}{6} = 10^{cm^2},51 \text{ à } 1^{mm^2} \text{ près par défaut.}$$

---

35. Énoncé. — Sur les côtés d'un hexagone régulier, on construit, en dehors, des rectangles égaux, dont on raccorde les côtés extérieurs par des arcs décrits des sommets de l'hexagone comme centres. On entoure ainsi l'hexagone primitif d'une surface composée de six rectangles et de six secteurs. Sachant que cette surface est équivalente à celle de l'hexagone :

1° Calculer la hauteur commune des rectangles si le rayon de l'hexagone est égal à 10 mètres ;

2° Calculer le périmètre de la figure totale.

(Aspirants, Bordeaux.)

Solution. — 1° Soient a le rayon de l'hexagone donné et x la hauteur commune des rectangles.

L'aire de l'hexagone régulier est égale à

$$\frac{1}{2} \times 6a \times \frac{a\sqrt{3}}{2} = \frac{3a^2\sqrt{3}}{2}.$$

L'aire d'un rectangle est égale à $a x$.

L'angle de l'hexagone régulier valant 120°, l'angle de chaque secteur vaut

$$360° - (120° + 90° + 90°) = 60°$$

et, par suite, la somme des 6 secteurs est égale au cercle de rayon x. On a donc l'équation

$$6 a x + \pi x^2 = \frac{3 a^2 \sqrt{3}}{2},$$

que l'on peut écrire

$$2 \pi x^2 + 12 a x - 3 a^2 \sqrt{3} = o.$$

Les termes extrêmes de cette équation étant de signes contraires, elle a deux racines de signes contraires ; seule la racine positive convient. On a

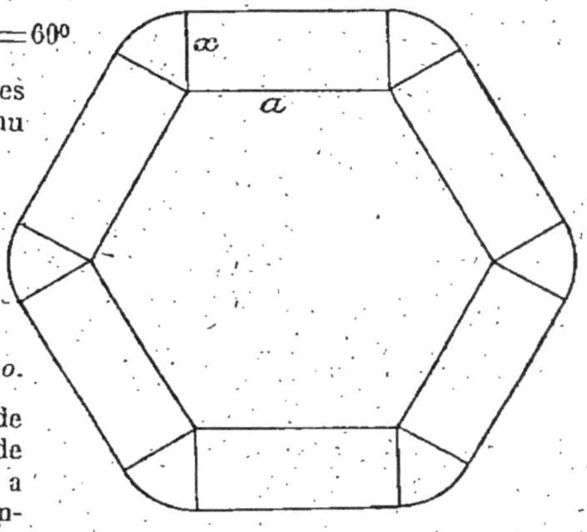

Fig. 44.

$$x = \frac{- 6 a + \sqrt{36 a^2 + 6 \pi a^2 \sqrt{3}}}{2 \pi}$$

$$= \frac{a}{2 \pi} \left(- 6 + \sqrt{36 + 6 \pi \sqrt{3}} \right).$$

Si $a = 10^m$, on trouve

$$x = \frac{10}{2 \pi} \left(- 6 + \sqrt{36 + 6 \pi \sqrt{3}} \right)$$

$$= 5 \times \frac{1}{\pi} \times 2,28542$$

$$= 5^m,63 \text{ à } 1^{cm} \text{ près par défaut.}$$

2° Le périmètre de la figure totale est égal à celui de l'hexagone augmenté d'une circonférence de rayon x, soit

$$6 a + 2 \pi x.$$

Or, $\qquad 2 \pi x = 10 \left(- 6 + \sqrt{36 + 6 \pi \sqrt{3}} \right)$

et $\qquad\qquad\qquad 6 a = 60.$

Le périmètre mesure donc

$$60+10\left(-6+\sqrt{36+6\pi\sqrt{3}}\right)=10\sqrt{36+6\pi\sqrt{3}}$$
$$=10\times 8{,}28542$$
$$=82^{m},85 \text{ à } 1^{cm} \text{ près par défaut.}$$

---

36. Énoncé. — On décrit intérieurement, sur chacun des côtés d'un carré pris pour diamètre, une demi-circonférence. Calculer le côté du carré, sachant que l'aire de la rosace obtenue est égale à 30 m² 87.

Prendre $\pi=\frac{22}{7}$. *(Aspirants, Paris.)*

Solution. — Soit x le côté du carré.

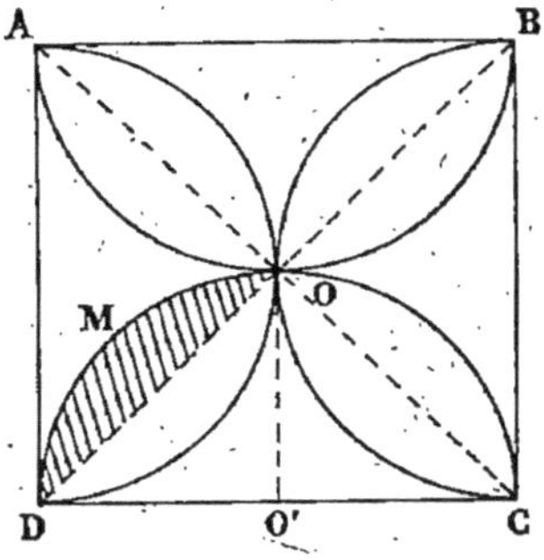

Fig. 45.

Les demi-circonférences décrites sur les côtés du carré pour diamètres ont son apothème pour rayon; elles sont tangentes 2 à 2 au centre du carré.

Les diagonales du carré divisent la rosace en 8 segments égaux puisqu'ils appartiennent à des cercles égaux, qu'ils sont limités par des cordes égales et qu'ils sont tous inférieurs à un demi-cercle.

L'aire de l'un d'eux, DMO, par exemple, est égale à l'aire du quart de cercle DMOO' diminuée de l'aire du triangle rectangle DO'O, soit

$$\frac{\pi\overline{DO'}^2}{4}-\frac{DO'\times OO'}{2}=\frac{\pi x^2}{16}-\frac{x^2}{8};$$

et l'aire de la rosace est égale à

$$8\left(\frac{\pi x^2}{16}-\frac{x^2}{8}\right)=\frac{\pi x^2}{2}-x^2$$
$$=x^2\left(\frac{\pi}{2}-1\right).$$

On a donc l'équation

$$x^2\left(\frac{\pi}{2}-1\right)=30{,}87,$$

de laquelle on tire

$$x = \sqrt{\frac{30,87}{\frac{\pi}{2} - 1}}$$

$$= \sqrt{\frac{30,87}{\frac{11}{7} - 1}} = \sqrt{\frac{30,87 \times 7}{4}}$$

$$= 7^{m},35.$$

---

37. Énoncé. — Dans un cercle de diamètre égal à 1 mètre, on trace deux cordes AB et AC, l'une égale au rayon, l'autre égale au côté du carré inscrit et telles que les arcs soient de même sens. Calculer l'aire de la portion du cercle comprise entre ces deux cordes et la circonférence.

(Aspirants, Montpellier.)

Solution. — L'aire ABC est la différence entre l'aire du segment limité par AC et l'aire du segment limité par AB.

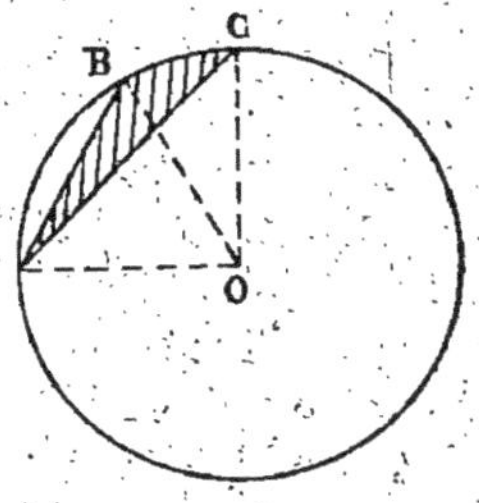

Fig. 46.

Le segment AC est la différence entre le quart de cercle AOC et le triangle rectangle AOC, soit, en désignant le rayon par r,

$$\frac{\pi r^2}{4} - \frac{r^2}{2}.$$

Le segment AB est la différence entre le secteur AOB et le triangle équilatéral AOB, soit, puisque $\widehat{AOB} = 60^0$,

$$\frac{\pi r^2}{6} - \frac{r^2\sqrt{3}}{4}.$$

L'aire ABC est donc égale à

$$\frac{\pi r^2}{4} - \frac{r^2}{2} - \frac{\pi r^2}{6} + \frac{r^2\sqrt{3}}{4},$$

ou, en réduisant au même dénominateur et en mettant r^2 en facteur commun,

$$\frac{r^2(\pi - 6 + 3\sqrt{3})}{12}.$$

Si le diamètre du cercle mesure 1^m, $r = 5^{dm}$; donc l'aire de ABC est égale à

$$\frac{25(\pi - 6 + 3\sqrt{5})}{12} = 4^{dm^2},87.$$

---

38. Énoncé. — Dans un triangle rectangle ABC, on donne l'hypoténuse $BC = a$ et la surface $= m^2$.

1° Trouver le rayon du cercle inscrit dans le triangle.

2° Si on désigne par D, E, F les points de contact des côtés BC, AB, AC avec ce cercle, calculer l'aire du segment de cercle EDF formé par la corde EF. (*Aspirants, Lille.*)

Solution. — 1° Soit r le rayon du cercle inscrit dans le triangle ABC.

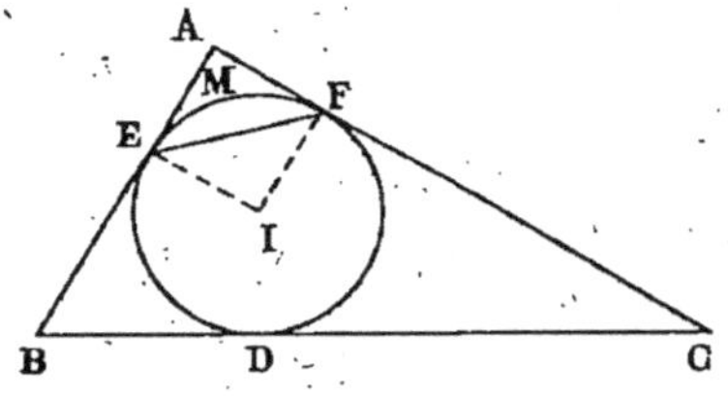

Fig. 47.

On sait que l'aire de ce triangle est égale à $p\,r$, p désignant le demi-périmètre du triangle; on a donc

$$p\,r = m^2$$

et, par suite,

$$r = \frac{m^2}{p}. \qquad (1)$$

Le triangle étant rectangle, on a d'une part

$$\overline{AB}^2 + \overline{AC}^2 = a^2,$$

d'autre part

$$AB \times AC = 2m^2.$$

On en déduit

$$\overline{AB}^2 + \overline{AC}^2 + 2AB \times AC = a^2 + 4m^2$$

et, par suite,

$$AB + AC = \sqrt{a^2 + 4m^2}.$$

Donc le demi-périmètre du triangle est égal à

$$\frac{\sqrt{a^2 + 4m^2} + a}{2}.$$

L'égalité (1) peut donc s'écrire

$$r = \frac{2m^2}{\sqrt{a^2 + 4m^2} + a},$$

ou, en multipliant les deux termes du second membre par

$$\sqrt{a^2+4m^2}-a,$$

$$r=\frac{2m^2\left(\sqrt{a^2+4m^2}-a\right)}{a^2+4m^2-a^2}$$

$$=\frac{\sqrt{a^2+4m^2}-a}{2}. \qquad (2)$$

2° L'aire de la portion de cercle EDF est égale à l'aire du cercle diminuée de l'aire du segment EMF.

Or, le quadrilatère AEIF ayant 3 angles droits et deux côtés consécutifs égaux est un carré; le secteur EMFI est un quart de cercle, et le triangle EIF est rectangle.

Donc, l'aire du segment égale

$$\frac{\pi r^2}{4}-\frac{r^2}{2},$$

et l'aire de la portion EDF égale

$$\pi r^2-\frac{\pi r^2}{4}+\frac{r^2}{2}=\frac{r^2(3\pi+2)}{4}.$$

L'égalité (2) donne

$$r^2=\frac{a^2+4m^2+a^2-2a\sqrt{a^2+4m^2}}{4}$$

$$=\frac{a^2+2m^2-a\sqrt{a^2+4m^2}}{2}.$$

Donc, l'aire de EDF est égale à

$$\frac{(3\pi+2)\left(a^2+2m^2-a\sqrt{a^2+4m^2}\right)}{8}.$$

---

39. Énoncé. — On donne le côté a d'un triangle équilatéral ABC; soit O le centre d'une circonférence tangente au côté BC au point D et aux prolongements des côtés AC et AB aux points E et F.

1° Calculer le rayon de cette circonférence.

2° Calculer la surface du segment de cercle FDE.

Application numérique. — $a=8$ mètres.

(*Aspirants, Grenoble.*)

SOLUTION. — 1° Le triangle ABC étant équilatéral, le cercle exinscrit O est tangent à BC en son milieu D, et la bissectrice AO de l'angle BAC passe par D.

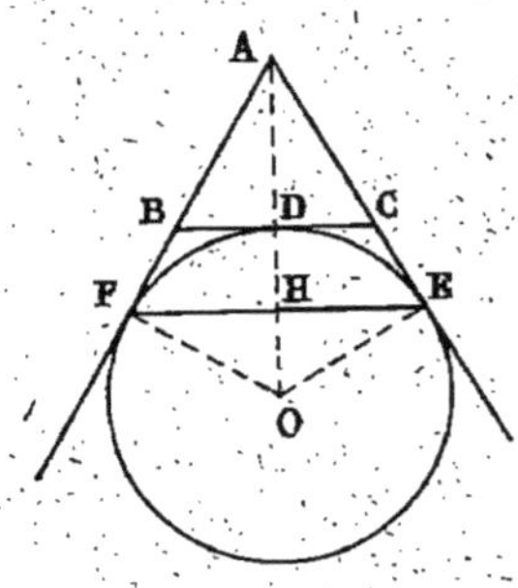

Fig. 48.

Menons OF; dans le triangle rectangle AOF, l'angle OAF vaut 30 degrés; donc OF est égal à la moitié de AO,

et puisque OF = OD,

$$OD = \frac{AO}{2} = AD.$$

Or, AD est la hauteur du triangle équilatéral ABC; on a

$$AD = \frac{a\sqrt{3}}{2}.$$

Donc, on a aussi

$$OF = \frac{a\sqrt{3}}{2}.$$

2° Le segment FDE est la différence entre le secteur FDEO et le triangle FOE.

Dans le quadrilatère AFEO, deux angles sont droits et l'angle A vaut 60°; donc

$$\widehat{FOE} = 180^0 - 60^0 = 120^0.$$

L'aire du secteur FDEO est égale à

$$\pi r^2 \times \frac{120}{360} = \frac{\pi r^2}{3},$$

en désignant par r le rayon de la circonférence O.

Le triangle FOE a pour base le côté FE du triangle équilatéral inscrit dans le cercle, soit

$$FE = r\sqrt{3},$$

et pour hauteur l'apothème de ce triangle, soit

$$OH = \frac{r}{2}.$$

Son aire est égale à

$$\frac{1}{2} r\sqrt{3} \times \frac{r}{2} = \frac{r^2\sqrt{3}}{4}.$$

Donc, l'aire du segment FDE est égale à

$$\frac{\pi r^2}{3} - \frac{r^2\sqrt{3}}{4} = \frac{r^2(4\pi - 3\sqrt{3})}{12},$$

soit, en remplaçant r par $\frac{a\sqrt{3}}{2}$,

à $$\frac{3a^2(4\pi - 3\sqrt{3})}{4 \times 12} = \frac{a^2(4\pi - 3\sqrt{3})}{16}.$$

3° Si $a = 8^m$, le rayon du cercle O mesure

$$\frac{8 \times \sqrt{3}}{2} = 6^m,93 \text{ à } 2^{mm} \text{ près par excès,}$$

et l'aire du segment FDE mesure

$$\frac{64(4\pi - 3\sqrt{3})}{16} = 29^{m^2},48 \text{ à } 1^{dm^2} \text{ près par défaut.}$$

---

40. Énoncé. — D'un point A situé à une distance $AO = 2a$ du centre O d'un cercle de rayon a, on mène la droite AB tangente au cercle en B, puis l'on décrit une circonférence de A comme centre avec AB pour rayon. Calculer l'aire commune aux deux cercles.

Application numérique. — $a = 3$ centimètres.

(*Aspirants, Clermont.*)

Solution. — 1° L'aire commune aux deux cercles O et A est la somme des deux segments BEC et BFC. Or

aire BEC = aire BECO — aire BOC

et

aire BFC = aire BFCA — aire BAC.

Donc, l'aire cherchée est la somme des aires des deux secteurs BECO et BFCA, diminuée de l'aire du quadrilatère ABOC.

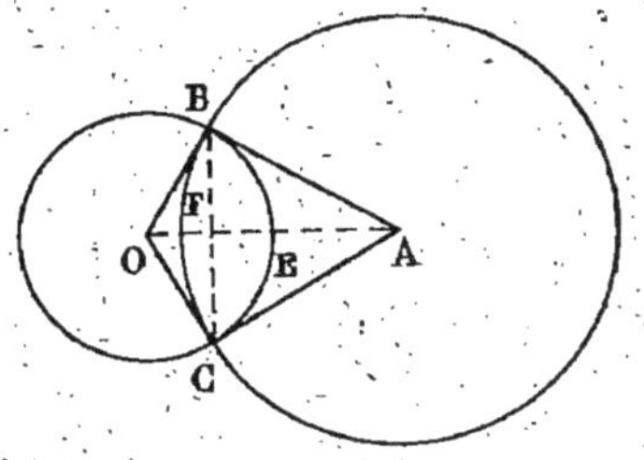

Fig. 49.

Le triangle ABO est rectangle en B et le côté OB est la moitié de l'hypoténuse OA; par suite l'angle BOA vaut 60° et, les triangles BOA et COA étant égaux, l'angle BOC vaut 120°.

Donc, l'aire du secteur BECO égale

$$\pi\,\overline{OB}^2 \times \frac{120}{360} = \frac{\pi a^2}{3},$$

L'angle BAC est supplémentaire de $\widehat{BOC}$ et vaut 60°; l'aire du secteur BFCA est égale à

$$\pi\,\overline{AB}^2 \times \frac{60}{360}.$$

Or, le triangle rectangle OAB donne

$$\overline{AB}^2 = \overline{OA}^2 - \overline{OB}^2$$
$$= 4a^2 - a^2 = 3a^2$$

et

$$AB = a\sqrt{3}.$$

L'aire du secteur BFCA est égale à

$$\pi \times 3a^2 \times \frac{60}{360} = \frac{\pi a^2}{2}.$$

Le quadrilatère ABOC ayant ses diagonales perpendiculaires, son aire est égale au demi-produit des diagonales

Or, BC sous-tend un arc de 120° et, par suite, est le côté du triangle équilatéral inscrit dans le cercle de rayon a; on a

$$BC = a\sqrt{3}.$$

Donc, l'aire du quadrilatère égale

$$\frac{2a \times a\sqrt{3}}{2} = a^2\sqrt{3}.$$

L'aire commune aux deux cercles mesure

$$\frac{\pi a^2}{3} + \frac{\pi a^2}{2} - a^2\sqrt{3} = \frac{a^2(5\pi - 6\sqrt{3})}{6}.$$

2° Si $a = 3^{cm}$, on trouve

$$\frac{9(5\pi - 6\sqrt{3})}{6} = 1{,}5\,(5\pi - 6\sqrt{3})$$
$$= 7^{cm^2},97 \text{ à } 1^{mm^2} \text{ près par défaut.}$$

41. Énoncé. — Une fenêtre ogivale est formée d'une partie rectangulaire ABCD et d'une partie curviligne EAD obtenue en décrivant des arcs de cercle AE et DE des points D et A comme centres avec le même rayon AD. Sachant que la hauteur de la partie curviligne est le tiers de la hauteur totale, on demande de calculer l'aire de cette fenêtre, AB étant égal à 3 m. 40. (*Aspirants. Paris.*)

Solution. — Soit a la longueur de AB. Par hypothèse AB est les $\frac{2}{3}$ de la hauteur totale; donc la hauteur EH égale $\frac{a}{2}$.

Or, le triangle EAD est équilatéral, et, par suite,

$$EH = \frac{AD\sqrt{3}}{2}.$$

Donc $$AD = \frac{2EH}{\sqrt{3}} = \frac{2EH\sqrt{3}}{3}$$

$$= \frac{a\sqrt{3}}{3}.$$

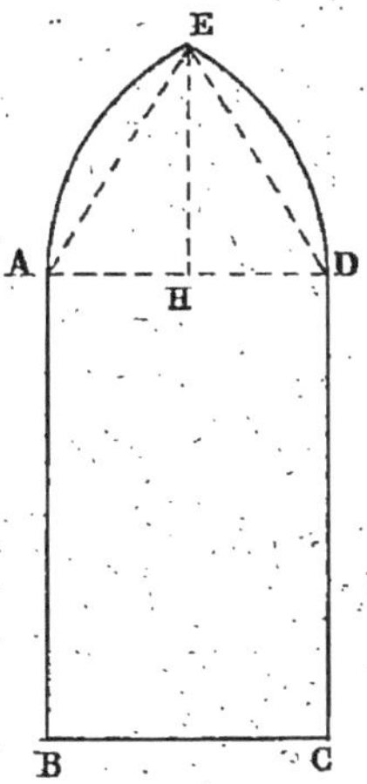

Fig. 50.

L'aire de la fenêtre est égale à celle d'un rectangle dont les dimensions sont a et $\frac{a\sqrt{3}}{3}$, augmentée de celle de la partie curviligne.

Celle-ci se compose du triangle équilatéral AED et des deux segments égaux AE et ED. L'un des segments, AE, étant la différence entre le secteur ADE et le triangle équilatéral ADE, la partie curviligne est égale à :

$$\text{tr. AED} + 2\,(\text{sect. ADE} - \text{tr. AED})$$
$$= 2\ \text{sect. ADE} - \text{tr. AED}.$$

L'aire du secteur ADE égale

$$\pi\,\overline{AD}^2 \times \frac{60}{360} = \pi \times \frac{3a^2}{9} \times \frac{1}{6}$$
$$= \frac{\pi a^2}{18}.$$

Celle du triangle équilatéral AED égale

$$\frac{\overline{AD}^2\sqrt{3}}{4} = \frac{a^2\sqrt{3}}{12}.$$

Donc, l'aire de la partie curviligne est égale à

$$\frac{\pi a^2}{9} - \frac{a^2\sqrt{3}}{12}.$$

Celle du rectangle mesurant $\frac{a^2\sqrt{3}}{3}$, l'aire totale est égale à

$$\frac{a^2\sqrt{3}}{3} + \frac{\pi a^2}{9} - \frac{a^2\sqrt{3}}{12} = \frac{\pi a^2}{9} + \frac{a^2\sqrt{3}}{4}$$

$$= a^2\left(\frac{\pi}{9} + \frac{\sqrt{3}}{4}\right).$$

Si $a = 3^m,4$, l'aire de la fenêtre mesure

$$3,4^2\left(\frac{\pi}{9} + \frac{\sqrt{3}}{4}\right) = 9^{m2},04.$$

---

42. ÉNONCÉ. — On donne un triangle rectangle isocèle AOB. On désigne par a la longueur des côtés de l'angle droit : $OA = OB = a$.

On mène l'arc de cercle AMB tangent en A et B aux côtés de l'angle droit. On mène ensuite un deuxième arc de cercle ANB tangent en A et B aux bissectrices des angles A et B. Soit C le centre du deuxième cercle.

On demande de calculer :

1° La distance CH de ce point au côté AB;

2° Le rayon du deuxième cercle;

3° L'aire AMBNA comprise entre les 2 arcs de cercle.

(*Aspirants, Paris.*)

SOLUTION. — 1° Soit D le centre du cercle tangent aux côtés du triangle en A et B; le quadrilatère OADB est un carré et la diagonale OD est perpendiculaire au milieu de AB.

La deuxième circonférence passant par A et B, son centre C est sur la perpendiculaire élevée au milieu de AB, c'est-à-dire sur la droite DH; et l'on a

$$CH = DH + CD.$$

Or, DH est la demi-diagonale du carré de côté a; elle est égale à

$$\frac{a\sqrt{2}}{2}.$$

Les angles EAB, BAD, EAC valent respectivement 22°30′, 45° et 90°; donc

$$\widehat{DAC} = 90^\circ - (22^\circ 30' + 45^\circ) = 22^\circ 30'.$$

Les angles aigus EAB et ACD ont leurs côtés perpendiculaires, ils sont égaux et

$$ACD = 22^\circ 30'.$$

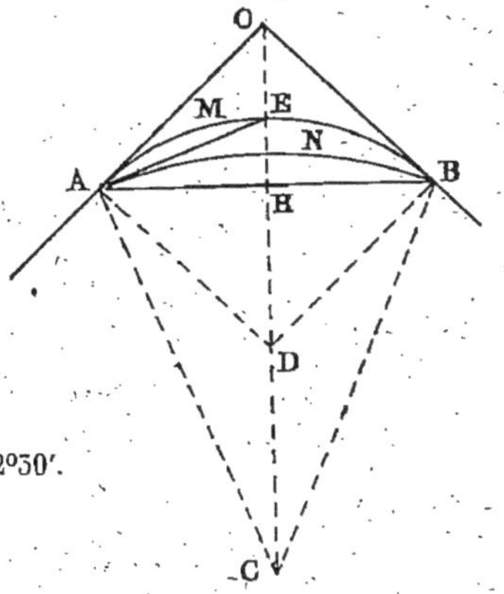

Fig. 51.

Par suite, le triangle CDA est isocèle et

$$CD = DA = a.$$

Donc $$CH = \frac{a\sqrt{2}}{2} + a = \frac{a}{2}(\sqrt{2} + 2).$$

2° Le rayon du deuxième cercle, CA, est l'hypoténuse du triangle rectangle CAH; donc

$$\overline{CA}^2 = \overline{CH}^2 + \overline{AH}^2$$

et, puisque $$CH = \frac{a}{2}(\sqrt{2} + 2)$$

et $$AH = \frac{AB}{2} = \frac{a\sqrt{2}}{2},$$

$$\overline{CA}^2 = \frac{a^2}{4}(6 + 4\sqrt{2}) + \frac{2a^2}{4}$$

$$= \frac{a^2}{4}(8 + 4\sqrt{2}) = a^2(2 + \sqrt{2}).$$

Donc $$CA = a\sqrt{2 + \sqrt{2}}.$$

3° L'aire AMBNA est la différence entre les deux segments AMB et ANB.

Or,
$$\text{aire AMB} = \text{aire AMBD} - \text{aire ABD}$$
$$= \frac{\pi \overline{AD}^2}{4} - \frac{\overline{AD}^2}{2}$$
$$= \frac{\pi a^2}{4} - \frac{a^2}{2}.$$
$$\text{aire ANB} = \text{aire ANBC} - \text{aire ABC},$$
ou, puisque l'angle $ACB = 22^\circ 30' \times 2 = 45^\circ$,
$$\text{aire ANB} = \frac{\pi \overline{AC}^2}{8} - \frac{AB \times CH}{2}$$
$$= \frac{\pi a^2 (2+\sqrt{2})}{8} - \frac{a\sqrt{2}}{2} \times \frac{a}{2}(\sqrt{2}+2)$$
$$= \frac{\pi a^2 (2+\sqrt{2})}{8} - \frac{a^2(1+\sqrt{2})}{2}.$$
L'aire de AMB est donc égale à
$$\frac{\pi a^2}{4} - \frac{a^2}{2} - \frac{\pi a^2 (2+\sqrt{2})}{8} + \frac{a^2(1+\sqrt{2})}{2}$$
$$= \frac{a^2\sqrt{2}}{2} - \frac{\pi a^2 \sqrt{2}}{8}$$
$$= \frac{a^2\sqrt{2}(4-\pi)}{8}.$$

---

43. Énoncé. — Étant donnée une circonférence de rayon r, on mène une parallèle CD au diamètre AB (A et C sont à gauche), et on prolonge les cordes AC, BD, jusqu'à leur rencontre en E.

A quelle distance x de AB faut-il mener cette parallèle CD pour que l'aire du triangle ECD soit équivalente à l'aire du trapèze ABCD? (*Aspirants*, *Lyon*.)

Solution. — L'aire du triangle ECD étant équivalente à l'aire du trapèze ABDC, le triangle ECD est la moitié du triangle EAB soit
$$\frac{\text{aire ECD}}{\text{aire EAB}} = \frac{1}{2}.$$

Or, ces deux triangles sont semblables et, par suite, le rapport de leurs aires est égal au rapport des carrés de 2 côtés homologues, ou

$$\frac{\text{aire } ECD}{\text{aire } EAB} = \frac{\overline{CD}^2}{\overline{AB}^2}.$$

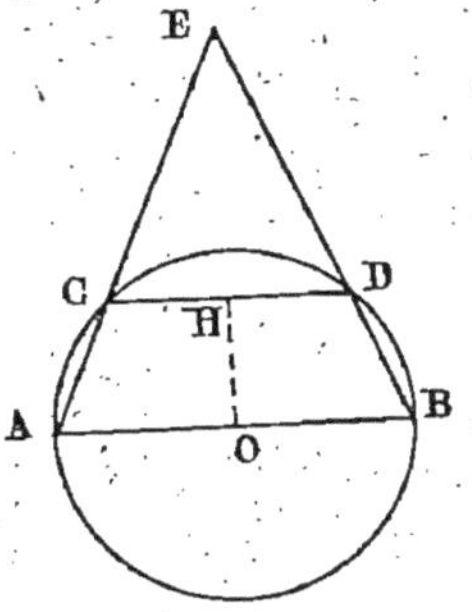

Fig. 52,

On peut donc écrire

$$\frac{\overline{CD}^2}{\overline{AB}^2} = \frac{1}{2}$$

ou en désignant le rayon du cercle par R,

$$\frac{\overline{CD}^2}{4R^2} = \frac{1}{2}$$

soit $$\overline{CD}^2 = 2R^2$$

ou $$CD = R\sqrt{2}.$$

Cette égalité montre que CD est le côté du carré inscrit dans le cercle; donc sa distance au centre est égale à l'apothème du carré, soit

$$OH = \frac{R\sqrt{2}}{2}.$$

---

44. Énoncé. — On donne un triangle ABC, de côtés a, b, c. On demande de calculer la surface d'un triangle A'B'C' intérieur au premier, sachant que les côtés de A'B'C' sont respectivement parallèles à ceux de ABC et à une distance d de ces derniers. On établira d'abord que les droites AA', BB', CC', sont concourantes.

Application numérique. — $a = 25$ mètres, $b = 31$ mètres, $c = 37$ mètres, $d = 2$ mètres. (*Aspirants, Besançon.*)

Solution. — 1° Soit I le point de concours des droites AA' et BB', ID'D et IE'E les perpendiculaires abaissées de I sur AB et BC.

Les triangles rectangles IDB et ID'B' sont semblables et

$$\frac{ID}{ID'} = \frac{IB}{IB'}.$$

De même la similitude des triangles IBE et IB'E' donne

$$\frac{IE}{IE'}=\frac{IB}{IB'}.$$

Il en résulte l'égalité

$$\frac{ID}{ID'}=\frac{IE}{IE'},$$

ou en intervertissant l'ordre des moyens et en combinant numérateurs et dénominateurs par soustraction,

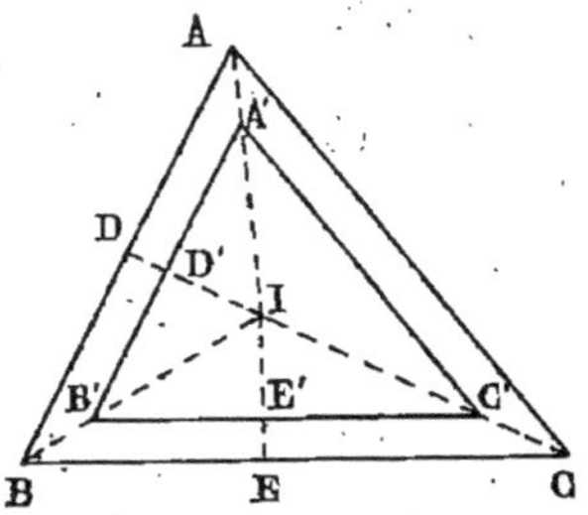

Fig. 53.

$$\frac{ID}{IE}=\frac{ID'}{IE'}=\frac{ID-ID'}{IE-IE'}=\frac{d}{d}=1.$$

Donc $ID=IE$

ce qui montre que le point I est sur la bissectrice de l'angle B.

On démontrerait de même qu'il est sur la bissectrice de l'angle A.

I est donc le point de concours des bissectrices des angles de chaque triangle et, par suite, les droites IC et IC' font des angles égaux et de même sens avec les parallèles BC et B'C'; ces droites se confondent, ce qui prouve que C, C' et I sont en ligne droite.

Les triangles ABC et A'B'C' ayant leurs côtés parallèles sont semblables; donc en désignant leurs aires respectives par S et S', on a

$$\frac{S'}{S}=\frac{\overline{B'C'}^2}{\overline{BC}^2}. \qquad (1)$$

Or, les triangles semblables IBC et IB'C' donnent

$$\frac{B'C'}{BC}=\frac{IE'}{IE},$$

ou, puisque IE et IE' sont les rayons r et r' des cercles inscrits dans les triangles ABC et A'B'C',

$$\frac{B'C'}{a}=\frac{r'}{r}=\frac{r-d}{r}$$

car $IE'=IE-EE'=r-d.$

L'égalité (1) peut donc s'écrire

$$\frac{S'}{S}=\frac{(r-d)^2}{r^2}.$$

On en déduit

$$S' = \frac{S(r-d)^2}{r^2}.$$

Or, on sait que l'aire d'un triangle est égale au produit de son demi-périmètre par le rayon du cercle inscrit, soit

$$S = pr.$$

On a

$$r = \frac{S}{p}$$

et, par conséquent,

$$S' = \frac{S\left(\frac{S}{p} - d\right)^2}{\frac{S^2}{p^2}}$$

$$= \frac{(S - pd)^2}{S}.$$

Il suffit de remplacer p par $\frac{a+b+c}{2}$ et S par

$$\sqrt{p(p-a)(p-b)(p-c)}$$

pour avoir la valeur de S′ en fonction des données.

2° Si $a = 25^m$, $b = 31^m$ et $c = 37^m$,

$$p = \frac{25+31+37}{2} = 46^m,5,$$

$$p - a = 46^m,5 - 25^m = 21^m,5,$$

$$p - b = 46^m,5 - 31^m = 15^m,5,$$

$$p - c = 46^m,5 - 37^m = 9^m,5,$$

$$S = \sqrt{46,5 \times 21,5 \times 15,5 \times 9,5} = 383^{m2},68.$$

$$pd = 46,5 \times 2 = 93$$

$$S - pd = 383,68 - 93 = 290,68$$

$$S' = \frac{(290,68)^2}{383,68} = 220^{m2},22.$$

---

45. Énoncé. — On considère le trapèze ABCD (AB est la grande base), dans lequel on mène les diagonales AC, BD, qui se coupent au point O. On donne l'aire du triangle OAB $= a^2$ et celle du triangle OCD $= b^2$. Montrer :

1° Que les deux triangles ODA, OBC sont équivalents ;

2° Que l'aire du triangle ODA $= ab$;

3° Que l'aire totale du trapèze a pour expression $(a + b)^2$.

On prolonge les côtés AD, BC non parallèles jusqu'à leur rencontre en S et on demande de démontrer que l'aire du triangle SDC a pour expression $b^2 \dfrac{a+b}{a-b}$, et que celle du triangle SAB a pour expression $a^2 \dfrac{a+b}{a-b}$.

Application numérique. — $a^2 = 9$ mètres carrés, $b^2 = 4$ mètres carrés. (*Aspirants, Aix.*)

Solution. — 1° Les deux triangles ABD et ABC ayant même base AB et même hauteur (la hauteur du trapèze) sont équivalents.

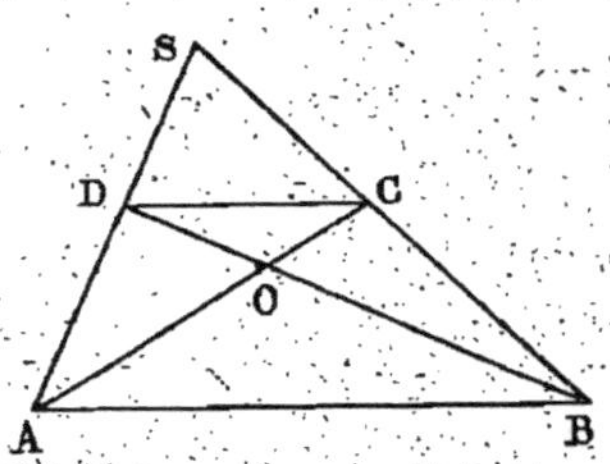

Fig. 54.

Si l'on retranche à chacun d'eux la partie commune OAB, il reste les triangles équivalents ODA et OBC.

2° Les triangles AOD et ODC ayant même hauteur, le rapport de leurs aires est égal au rapport de leurs bases, soit :

$$\frac{\text{aire AOD}}{\text{aire ODC}} = \frac{AO}{OC}.$$

De même
$$\frac{\text{aire AOB}}{\text{aire AOD}} = \frac{OB}{OD}.$$

Mais les triangles semblables AOB et DOC donnent

$$\frac{AO}{OC} = \frac{OB}{OD};$$

donc
$$\frac{\text{aire AOD}}{\text{aire ODC}} = \frac{\text{aire AOB}}{\text{aire AOD}}$$

ou
$$(\text{aire AOD})^2 = \text{aire AOB} \times \text{aire ODC} = a^2b^2;$$

d'où
$$\text{aire AOD} = ab.$$

3° Les triangles AOD et BOC étant équivalents, on a aussi

$$\text{aire BOC} = ab.$$

Donc, l'aire du trapèze ABCD est égale à

$$a^2 + b^2 + ab + ab = (a + b)^2.$$

4° Les triangles SAB et SDC étant semblables, le rapport de leurs aires est égal au rapport des carrés des côtés homologues, soit

$$\frac{\text{aire SAB}}{\text{aire SDC}} = \frac{\overline{AB}^2}{\overline{DC}^2}.$$

Or, pour la même raison, la similitude des triangles OAB et OCD donne

$$\frac{a^2}{b^2} = \frac{\overline{AB}^2}{\overline{DC}^2},$$

Donc

$$\frac{\text{aire SAB}}{\text{aire SDC}} = \frac{a^2}{b^2}.$$

On en déduit

$$\frac{\text{aire SAB}}{a^2} = \frac{\text{aire SDC}}{b^2} = \frac{\text{aire SAB} - \text{aire SDC}}{a^2 - b^2}$$

$$= \frac{(a+b)^2}{(a+b)(a-b)} = \frac{a+b}{a-b},$$

et, par conséquent,

$$\text{aire SAB} = a^2 \frac{a+b}{a-b},$$

$$\text{aire SDC} = b^2 \frac{a+b}{a-b}.$$

5° Si $a^2 = 9^{m2}$ et $b^2 = 4^{m2}$, on a

$$a = 3^m \quad \text{et} \quad b = 2^m;$$

$$\text{aire ODA} = 3 \times 2 = 6^{m2} \quad \text{et} \quad \text{aire ABCD} = (3+2)^2 = 25^{m2};$$

$$\text{aire SAB} = 9\,\frac{3+2}{3-2} = 45^{m2} \quad \text{et} \quad \text{aire SDC} = 4\,\frac{3+2}{3-2} = 20^{m2}.$$

---

46. Énoncé. — Une prairie triangulaire ABC est coupée par une ligne de chemin de fer parallèle au côté AC. On a mesuré les longueurs DE et GF, interceptées sur la ligne par le triangle, et la largeur FH de la ligne à la base du remblai :

DE = 78 m. 90, GF = 60 m. 60, FH = 18 mètres.

1° Quelle est la surface occupée par la ligne et quelle est sa valeur à 3200 francs l'hectare?

2° Le propriétaire voudrait sans faire arpenter son terrain, connaître la surface des deux portions découpées par la ligne. Il sait seulement que AC mesure 125 mètres. Comment peut-on déterminer la surface de ces deux portions?

(Aspirants, Rennes.)

SOLUTION. — 1° La surface occupée par la ligne est un trapèze dont l'aire mesure

$$\frac{78,9+60,6}{2}\times 18 = 1255^{m^2},5 = 0^{ha},12555.$$

Cette portion du champ vaut

$$3200^{f}\times 0,12555 = 401^{f},76.$$

2° Les triangles ABC, DBE et GBF sont semblables; on peut donc écrire

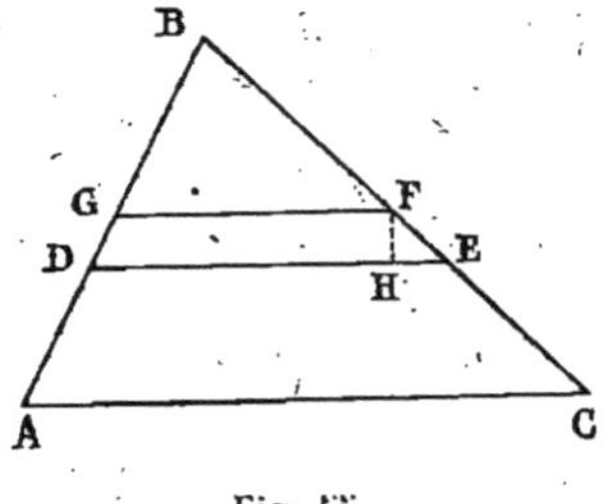

Fig. 55.

$$\frac{\text{aire ABC}}{\overline{AC}^2} = \frac{\text{aire DBE}}{\overline{DE}^2} = \frac{\text{aire GBF}}{\overline{GF}^2};$$

en combinant par soustraction les numérateurs et les dénominateurs des deux derniers rapports, on obtient le rapport

$$\frac{\text{aire DBE} - \text{aire GBF}}{\overline{DE}^2 - \overline{GF}^2}$$

égal aux précédents.

Or, ce dernier rapport peut s'écrire

$$\frac{\text{aire DGFE}}{\overline{DE}^2 - \overline{GF}^2} = \frac{\frac{1}{2}(DE+GF)FH}{(DE+GF)(DE-GF)}$$

$$= \frac{FH}{2(DE-GF)} = \frac{18}{2(78,9-60,6)}$$

$$= \frac{5}{6,1}.$$

On a donc

$$\frac{\text{aire GBF}}{\overline{GF}^2} = \frac{3}{6,1}$$

ou aire GBF $= \frac{(60,6)^2 \times 3}{6,1} = 1806^{m^2},08$ à $\frac{1}{2}$ dm² près par excès;

et de même

$$\frac{\text{aire ABC}}{\overline{AC}^2} = \frac{3}{6,1}$$

ou aire ABC $= \frac{(125)^2 \times 3}{6,1} = 7684^{m^2},43$ à $\frac{1}{2}$ dm² près par excès.

L'aire du trapèze ADEC est la différence entre l'aire de ABC et la somme des aires de BGF et GFDE, soit

$$7684^{m^2},43 - (1806^{m^2},08 + 1255^{m^2},5) = 4622^{m^2},85.$$

---

47. Énoncé. — Un champ a la forme d'un trapèze dont les dimensions sont les suivantes : $B = 60$ mètres, $b = 48$ m., $h = 52$ mètres.

Une route de 8 mètres de large est tracée dans ce champ parallèlement aux bases et le divise en deux parties qui ont la même surface.

On demande quelle est la superficie de l'une de ces deux parties. (*Aspirants, Chambéry.*)

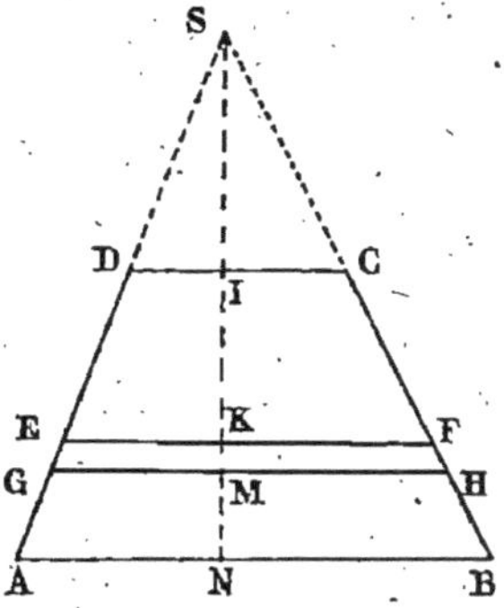

Fig. 56.

Solution. — Soit EFHG le trapèze formé par la route; il suffit de connaître son aire et celle du trapèze ABCD pour pouvoir déterminer les aires équivalentes EFCD et ABHG.

On a :

$$\text{aire ABCD} = \frac{60 + 48}{2} \times 52 = 2808^{m^2}$$

et aire EFGH $= \frac{EF + GH}{2} \times 8.$

Il faut donc calculer EF + GH.

Les triangles SDC, SEF, SGH et SAB obtenus en prolongeant les côtés non parallèles AD et BC jusqu'à leur intersection S, sont semblables, et, par suite,

$$\frac{\text{aire SAB}}{60^2}=\frac{\text{aire SHG}}{\overline{HG}^2}=\frac{\text{aire SEF}}{\overline{EF}^2}=\frac{\text{aire SDC}}{48^2}.$$

De ces rapports égaux on déduit

$$\frac{\text{aire SAB}-\text{aire SHG}}{60^2-\overline{HG}^2}=\frac{\text{aire SEF}-\text{aire SDC}}{\overline{EF}^2-48^2}$$

ou

$$\frac{\text{aire ABHG}}{60^2-\overline{HG}^2}=\frac{\text{aire DCFE}}{\overline{EF}^2-48^2}.$$

Les numérateurs sont égaux par hypothèse ; donc

$$60^2-\overline{HG}^2=\overline{EF}^2-48^2$$

ou

$$\overline{EF}^2+\overline{HG}^2=60^2+48^2=5904.$$

Soient SN, SM, SK et SI les hauteurs des triangles semblables SAB, SHG, SEF et SCD ; on peut écrire

$$\frac{SN}{60}=\frac{SM}{HG}=\frac{SK}{EF}=\frac{SI}{48}.$$

De ces rapports égaux on déduit

$$\frac{SN-SI}{60-48}=\frac{SM-SK}{HG-EF},$$

ou

$$\frac{52}{12}=\frac{8}{HG-EF}.$$

Donc

$$HG-EF=\frac{12\times 8}{52}=\frac{24}{13}.$$

En élevant les deux membres de cette égalité au carré, on obtient

$$\overline{HG}^2+\overline{EF}^2-2\,HG.EF=\frac{576}{169}$$

et puisque

$$\overline{HG}^2+\overline{EF}^2=5904$$

$$2\,HG.EF=5904-\frac{576}{169}.$$

On en tire

$$\overline{HG}^2+\overline{EF}^2+2\,HG.EF=5904+5904-\frac{576}{169},$$

ou $$(HG + EF)^2 = \frac{1994976}{169},$$

soit $$HF + EF = \frac{\sqrt{1994976}}{13} = \frac{1412^m,43}{13}.$$

Donc, l'aire du trapèze EFGH est égale à

$$\frac{1412,43}{13 \times 2} \times 8 = 434^{m^2},6.$$

L'aire de chacun des trapèzes EFCD et ABHG mesure

$$\frac{2808^{m^2} - 434^{m^2},6}{2} = 1186^{m^2},7.$$

---

48. Énoncé. — Un champ a la forme d'un trapèze ABCD; les bases AB et CD ont pour longueurs respectives 110 mètres et 180 mètres, la hauteur EF a 60 mètres; le côté BD = 75 mètres.

1° Calculer le côté AC.

2° Mener une parallèle MN aux bases AB et CD de telle sorte que l'aire de la portion ABMN soit égale à 40 ares.

3° Calculer la distance EH de MN à AB et la longueur MN.

(*Aspirants, Clermont.*)

Solution. — 1° Menons les hauteurs AG et BI. Le triangle rectangle AGC donne

$$\overline{AC}^2 = \overline{AG}^2 + \overline{GC}^2.$$

Or $GC = CD - GI - ID$,

et le triangle rectangle BID donne

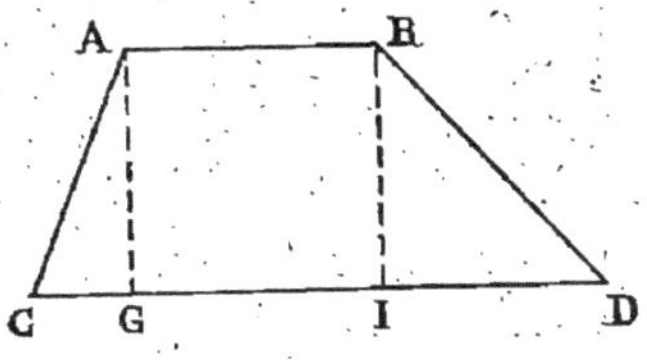

Fig. 57.

$$\overline{ID}^2 = \overline{BD}^2 - \overline{BI}^2$$

$$= 75^2 - 60^2 = 2025,$$

soit $$ID = \sqrt{2025} = 45^m.$$

Donc $$GC = 180 - 110 - 45 = 25^m$$

et $$\overline{AC}^2 = 60^2 + 25^2 = 4225;$$

d'où $$AC = \sqrt{4225} = 65^m.$$

2° Supposons le problème résolu et soit MN la droite cherchée.

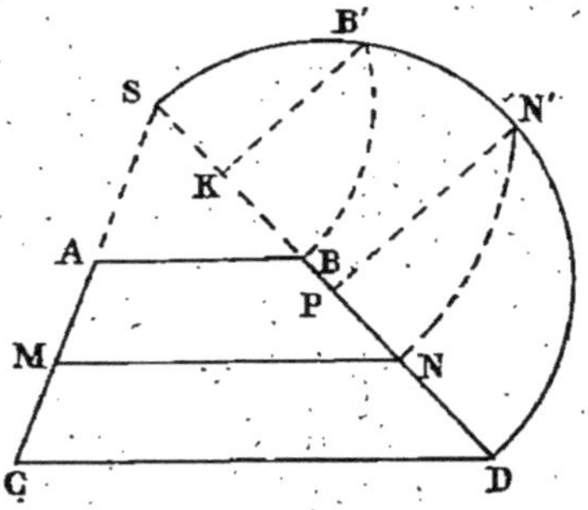

Fig. 58.

L'aire du trapèze ABMN est égale à 40ª ou 4000^{m^2}, celle de ABCD à

$$\frac{180+110}{2}\times 60 = 8700^{m^2}$$

et celle de MNCD à

$$8700^{m^2} - 4000^{m^2} = 4700^{m^2}.$$

Les côtés non parallèles AC et BD se rencontrent en S; les triangles SAB, SMN et SCD sont semblables et, par suite,

$$\frac{\text{aire SAB}}{\overline{SB}^2} = \frac{\text{aire SMN}}{\overline{SN}^2} = \frac{\text{aire SCD}}{\overline{SD}^2}. \qquad (1)$$

Décrivons la demi-circonférence de diamètre SD, et les arcs BB', NN' de centre S et de rayons SB et SN; puis menons les perpendiculaires B'K et N'P à SD.

On peut écrire :

$$\overline{SB}^2 = \overline{SB'}^2 = SK \times SD$$

et

$$\overline{SN}^2 = \overline{SN'}^2 = SP \times SD.$$

En remplaçant $\overline{SB}^2$ et $\overline{SN}^2$ par ces produits dans la suite (1), on obtient

$$\frac{\text{aire SAB}}{SK \times SD} = \frac{\text{aire SMN}}{SP \times SD} = \frac{\text{aire SCD}}{\overline{SD}^2},$$

ou, en multipliant ces rapports par SD,

$$\frac{\text{aire SAB}}{SK} = \frac{\text{aire SMN}}{SP} = \frac{\text{aire SCD}}{SD}.$$

De cette suite de rapports égaux on déduit

$$\frac{\text{aire SMN} - \text{aire SAB}}{SP - SK} = \frac{\text{aire SCD} - \text{aire SMN}}{SD - SP}$$

ou

$$\frac{4000}{PK} = \frac{4700}{PD},$$

soit

$$\frac{PK}{PD} = \frac{40}{47}.$$

Donc le point P partage la portion de droite KD dans le rapport $\frac{40}{47}$.

De cette analyse résulte la construction suivante :

On prolonge les côtés non parallèles AC et BD jusqu'à leur intersection S et sur SD comme diamètre on décrit une demi-circonférence ;

de S comme centre, avec SB pour rayon, on décrit un arc qui coupe la demi-circonférence en B′ et on mène B′K perpendiculaire à SD ;

on partage KD dans le rapport $\frac{40}{47}$, ce qui donne le point P ;

on élève PN′ perpendiculaire à SD qui coupe la demi-circonférence en N′ et on décrit un arc de centre S et de rayon SN′; il coupe SD en N;

par N, on mène NM parallèle à AB.

5° Posons $EH = x$ et $MN = y$.

On a immédiatement les deux équations :

$$\frac{110 + y}{2} \times x = 4000$$

et

$$\frac{180 + y}{2} \times (60 - x) = 4700.$$

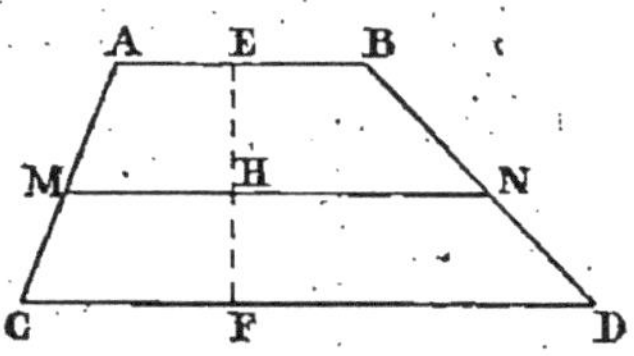

Fig. 59.

En chassant les dénominateurs et en transposant un terme, on obtient les équations

$$110x + xy = 8000$$

$$-180x + 60y - xy = -1400,$$

qui, par addition, donnent l'équation

$$-70x + 60y = 6600$$

ou

$$-7x + 6y = 660.$$

On en tire

$$y = \frac{660 + 7x}{6}.$$

Cette valeur étant substituée dans l'équation

$$110x + xy = 8000,$$

on obtient, après réduction,

$$7x^2 + 1320x - 48000 = 0.$$

Les termes extrêmes sont de signes contraires; donc, cette équation a deux racines de signes contraires; seule la racine positive convient au problème.

On a $$x = \frac{-660 + \sqrt{660^2 + 7 \times 48000}}{7} = 51^m,2,$$

et, par suite, $$y = \frac{660 + 7 \times 51,2}{7} = 146^m4.$$

---

49. Énoncé. — L'actif d'une succession comprend un pré ayant la forme d'un trapèze ABCD (AB est la grande base, A et C sont à droite). Ce pré doit être partagé entre les trois héritiers par des parallèles aux bases de façon que les parts soient inversement proportionnelles aux âges des héritiers, la plus grande part étant limitée à la grande base, et la plus petite à la petite base. Ces âges sont 6 ans, 9 ans, 18 ans.

1° Indiquer les constructions géométriques à faire pour obtenir les deux lignes de partage sur un plan du terrain.

2° Trouver les surfaces des trois parts, sachant que l'un des côtés non parallèles AC a 40 décamètres et que la distance OH du milieu de BD au côté AC est 45 mètres.

(*Aspirants, Nancy.*)

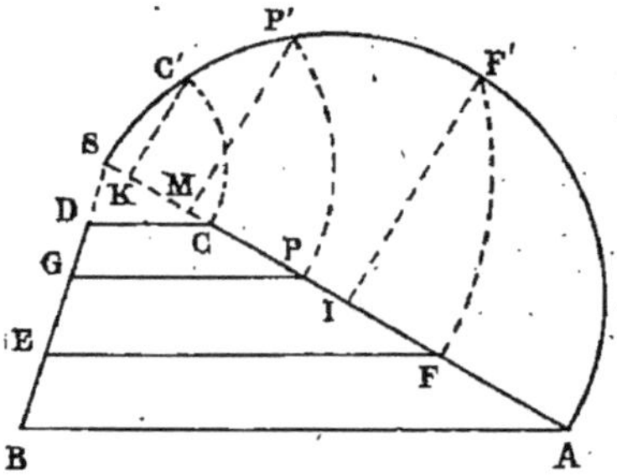

Fig. 60.

Solution. — 1° Supposons le problème résolu et soient EF et GP les droites cherchées.

Les aires des trapèzes DCGP, GPFE et EFAB sont inversement proportionnelles aux nombres 18, 9 et 6, ou directement proportionnelles à $\frac{1}{18}$, $\frac{1}{9}$, $\frac{1}{6}$,

soit, en réduisant ces fractions au même dénominateur, directement proportionnelles à $\frac{1}{18}$, $\frac{2}{18}$, $\frac{3}{18}$ ou à 1, 2, 3.

Les côtés non parallèles AC et BD se rencontrent en S, formant les triangles semblables SDC, SGP, SEF et SBA. Nous pouvons donc écrire

$$\frac{\text{aire SDC}}{\overline{SC}^2}=\frac{\text{aire SGP}}{\overline{SP}^2}=\frac{\text{aire SEF}}{\overline{SF}^2}=\frac{\text{aire SBA}}{\overline{SA}^2}. \quad (1)$$

Décrivons la $\frac{1}{2}$ circonférence de diamètre SA, et les arcs de centre S et de rayons SC, SP, SF qui coupent la demi-circonférence en C′, P′, F′; puis abaissons sur SA les perpendiculaires C′K, P′M, F′I.

Nous avons les égalités :

$$\overline{SC}^2=\overline{SC'}^2=SA\times SK,$$

$$\overline{SP}^2=\overline{SP'}^2=SA\times SM,$$

$$\overline{SF}^2=\overline{SF'}^2=SA\times SI.$$

En remplaçant dans la suite (1) $\overline{SC}^2$, $\overline{SP}^2$, $\overline{SF}^2$ par ces produits égaux, nous obtenons

$$\frac{\text{aire SDC}}{SA\times SK}=\frac{\text{aire SGP}}{SA\times SM}=\frac{\text{aire SEF}}{SA\times SI}=\frac{\text{aire SBA}}{\overline{SA}^2}$$

ou, en multipliant tous les termes par SA,

$$\frac{\text{aire SDC}}{SK}=\frac{\text{aire SGP}}{SM}=\frac{\text{aire SEF}}{SI}=\frac{\text{aire SBA}}{SA}.$$

De cette suite de rapports égaux, nous pouvons déduire :

$$\frac{\text{aire SGP}-\text{aire SDC}}{SM-SK}=\frac{\text{aire SEF}-\text{aire SGP}}{SI-SM}=\frac{\text{aire SBA}-\text{aire SEF}}{SA-SI},$$

soit

$$\frac{\text{aire DCPG}}{KM}=\frac{\text{aire GPFE}}{MI}=\frac{\text{aire EBFA}}{IA}. \quad (2)$$

Or, nous savons que

$$\frac{\text{aire DCPG}}{1}=\frac{\text{aire GPFE}}{2}=\frac{\text{aire EBFA}}{3}. \quad (3)$$

Ces deux suites de rapports égaux divisées membre à membre donnent

$$\frac{KM}{1}=\frac{MI}{2}=\frac{IA}{3},$$

ce qui montre que les points M et I divisent la portion de droite KA en parties proportionnelles à 1, 2 et 3.

De cette analyse résulte la construction suivante :

prolongeons les côtés non parallèles AC et BD jusqu'à leur intersection S et décrivons la demi-circonférence de diamètre SA ;

décrivons l'arc de centre S et de rayon SC qui coupe la demi-circonférence en C′ et abaissons C′K perpendiculaire à SC ;

partageons KA en trois segments KM, MI et IA proportionnels aux nombres 1, 2, 3, et élevons en M et I les perpendiculaires MP′ et IF′ à AC qui coupent la demi-circonférence en P′ et F′

de S comme centre, avec SP′ et SF′ pour rayons, traçons des arcs de cercle qui coupent SA en P et F ;

par P et F menons les droites PG et FE parallèles à AB ; ce sont les droites cherchées.

2° Soit O le milieu de BD ; la parallèle à AC menée par O rencontre les bases du trapèze en J et N.

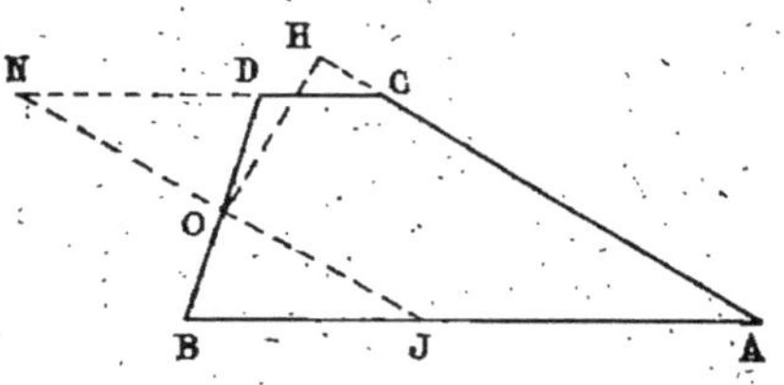

Fig. 61.

Les deux triangles OBJ et ODN ont un côté égal (OB = OD) adjacent à deux angles égaux chacun à chacun

$$(\widehat{BOJ} = \widehat{DON}$$

et $\widehat{OBJ} = \widehat{ODN})$;

ils sont donc égaux et, par suite, le trapèze ABCD est équivalent au parallélogramme NCAJ.

Or, OH étant perpendiculaire à AC, l'aire du parallélogramme est égale à

$$AC \times OH$$

Donc, l'aire du trapèze égale aussi

$$AC \times OH = 400 \times 45 = 18\,000^{m2}.$$

Les parts étant proportionnelles à 1, 2, 3 valent respectivement

$$\frac{18\,000^{m2}}{1+2+3} = 3\,000^{m2},$$

$$\frac{18\,000^{m2}}{1+2+3} \times 2 = 6\,000^{m2}$$

et

$$\frac{18\,000^{m2}}{1+2+3} \times 3 = 9\,000^{m2}.$$

3. — POLYÈDRES

50. Énoncé. — Dans un parallélépipède rectangle, les trois arêtes AB, AC, AD issues d'un même sommet A sont proportionnelles à 3, 4 et 5, et la surface totale du parallélépipède vaut 21 150$^{cm^2}$.

1° Calculer les trois arêtes AB, AC et AD.

2° Calculer les trois côtés BC, CD, DB du triangle BCD.

On fera, s'il y a lieu, les calculs à 1^{mm} près.

(*Aspirants, Bordeaux.*)

Solution. — 1° Soient x, y, z centimètres les longueurs des arêtes AB, AC, AD.

D'après l'énoncé on a les équations :

$$\frac{x}{3}=\frac{y}{4}=\frac{z}{5} \qquad (1)$$

Les faces sont égales 2 à 2, la surface totale mesurant 21 150$^{cm^2}$, on peut écrire :

$$2xy+2yz+2zx=21150$$

ou

$$xy+yz+zx=10575. \qquad (2)$$

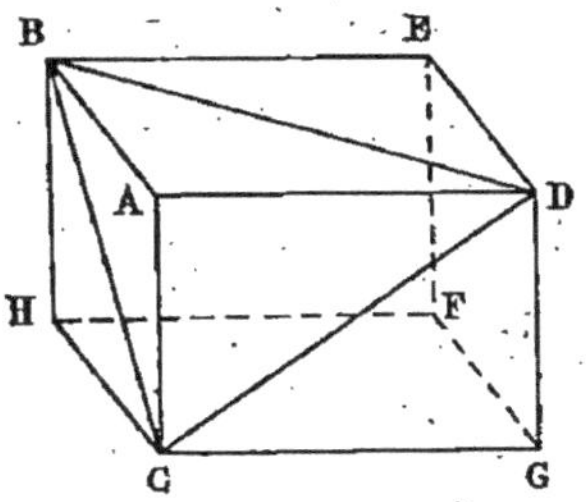

Fig. 62.

Soit u la valeur de chaque rapport de la suite (1); on a :

$$x=3u,$$

$$y=4u,$$

$$z=5u,$$

et, en remplaçant x, y, z par ces expressions dans l'équation (2), on obtient :

$$12u^2+20u^2+15u^2=10575,$$

soit

$$47u^2=10575,$$

et, par conséquent,

$$u=\sqrt{\frac{10575}{47}}=15.$$

On en déduit : $x = 3 \times 15 = 45^{cm}$,

$$y = 4 \times 15 = 60^{cm},$$

$$z = 5 \times 15 = 75^{cm}.$$

2° Les côtés du triangle BCD sont les diagonales respectives des rectangles BACH, ACGD et ABED. On a donc :

$$BC = \sqrt{\overline{AB}^2 + \overline{AC}^2} = \sqrt{45^2 + 60^2}$$
$$= 75^{cm};$$

$$CD = \sqrt{\overline{AC}^2 + \overline{AD}^2} = \sqrt{60^2 + 75^2}$$
$$= 96^{m}046;$$

$$DB = \sqrt{\overline{AD}^2 + \overline{AB}^2} = \sqrt{75^2 + 45^2}$$
$$= 87^{m},464.$$

---

51. Énoncé. — Un parallélépipède oblique a pour base un rectangle ABCD dont le périmètre vaut 80^m. Le rapport des dimensions de ce rectangle est égal au rapport de 12 à 20. L'arête latérale issue de A est égale à 30^m et se projette sur le plan de la base suivant la moitié de la diagonale AC.

1° Calculer la surface de la base ABCD.

2° Calculer le volume et la surface totale du parallélépipède. (*Aspirants, Nancy.*)

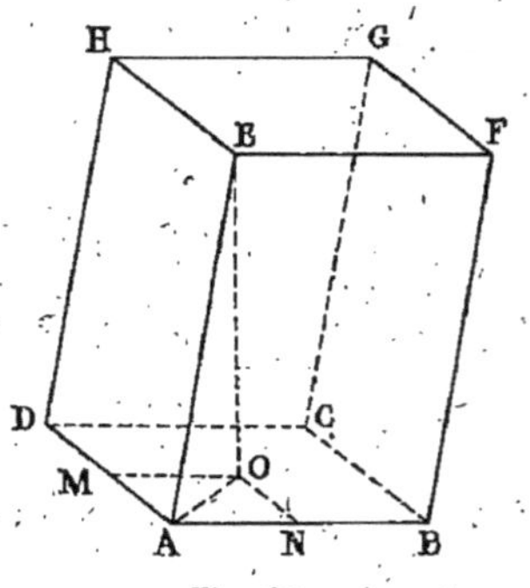

Fig. 63.

Solution. — 1° On a par hypothèse

$$\frac{AB}{AD} = \frac{20}{12} = \frac{5}{3}$$

et $AB + AD = \frac{80}{2} = 40^m$.

On en tire $AB = \frac{5}{3} AD$

et, par suite, $\frac{8}{3} AD = 40^m$

On a donc $$AD = \frac{40^m \times 3}{8} = 15^m$$

$$AB = 15^m \times \frac{5}{3} = 25^m,$$

et, par conséquent,

$$\text{aire } ABCD = 25 \times 15 = 375^{m^2}.$$

2° Le volume du solide est le produit de l'aire de la base par la hauteur. Or, par hypothèse, EO est perpendiculaire à ABCD; il faut donc calculer EO.

Le triangle EOA est rectangle en O et donne

$$\overline{EO}^2 = \overline{EA}^2 - \overline{AO}^2. \qquad (1)$$

Menons OM perpendiculaire à AD et ON perpendiculaire à AB; O étant le centre du rectangle, nous avons

$$OM = \frac{AB}{2} = \frac{25^m}{2} = 12^m,5$$

et $$AM = \frac{AD}{2} = \frac{15^m}{2} = 7^m,5.$$

Dans le triangle rectangle OMA, nous avons

$$\overline{AO}^2 = \overline{AM}^2 + \overline{OM}^2.$$

L'égalité (1) peut donc s'écrire

$$\overline{EO}^2 = \overline{EA}^2 - \overline{AM}^2 - \overline{ON}^2$$
$$= 30^2 - 7,5^2 - 12,5^2 = 687,5$$

et $$EO = \sqrt{687,5}.$$

Le volume du solide est

$$v = 375 \times \sqrt{687,5}$$
$$= 9832^{m^3}58 \text{ à } \frac{1}{100} \text{ près.}$$

3° Dans le parallélogramme ADHE, la droite EM est perpendiculaire à AD (théorème des 3 perpendiculaires); donc l'aire de cette face égale

$$AD \times EM.$$

Le triangle rectangle AEM donne

$$\overline{EM}^2 = \overline{EA}^2 - \overline{AM}^2$$

$$= 900 - 7,5^2 = 843,75$$

et $$EM = \sqrt{843,75}.$$

Donc l'aire de la face ADHE égale

$$15 \times \sqrt{843,75} = 435^{m^2},71 \text{ à } 1^{dm^2} \text{ près.}$$

De même dans le parallélogramme EFBA, la droite EN est perpendiculaire à AB et l'aire de cette face est égale à

$$AB \times EN.$$

Le triangle rectangle AEN donne

$$\overline{EN}^2 = \overline{EA}^2 - \overline{AN}^2$$
$$= 900 - 12,5^2 = 743,75$$

et $$EN = \sqrt{743,75}.$$

Donc, l'aire de face EFBA égale

$$25 \times \sqrt{743,75} = 681^{m^2},8 \text{ à } 1^{dm^2} \text{ près.}$$

L'aire totale du parallélépipède mesure

$$2\,[375^{m^2} + 435^{m^2},71 + 681^{m^2},8] = 2985^{m^2}.$$

---

52. Énoncé. — Un propriétaire a fait construire un pavillon hexagonal de 5^m de hauteur au-dessus du sol au prix de $14^f,05$ le mètre cube de maçonnerie y compris la pierre de taille. Le rayon de l'hexagone extérieur servant de base au pavillon est de 8^m, l'épaisseur des murs est de $0^m,80$, les fondations atteignent $1^m,20$ de profondeur au-dessous du sol, les ouvertures occupent $\frac{1}{12}$ de la surface moyenne des murs. Combien le propriétaire doit-il au maître maçon?

(*Aspirants, Besançon.*)

Solution. — Soient ABCDEF et A'B'C'D'E'F' les hexagones extérieur et intérieur, O leur centre, R le rayon du grand, R' le rayon du petit et *d* l'épaisseur des murs.

Le volume des murs est la différence des volumes de deux prismes hexagonaux ayant pour hauteur commune

$$5^m + 1^m,20 = 6^m,20,$$

et pour bases respectives le grand et le petit hexagone.

L'aire de ABCDEF est égale au demi-produit de son périmètre par son apothème, soit

$$\frac{1}{2} \times 6R \times \frac{R\sqrt{3}}{2} = \frac{3R^2\sqrt{3}}{2}.$$

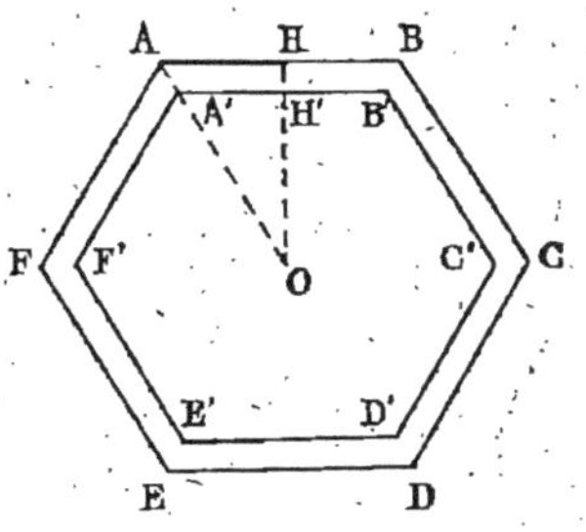

Fig. 64.

L'apothème de l'hexagone intérieur est

$$OH' = OH - HH'$$
$$= \frac{R\sqrt{3}}{2} - d;$$

son côté R′ est tel que l'on ait

$$OH' = \frac{R'\sqrt{3}}{2},$$

ou

$$R' = \frac{2\,OH'}{\sqrt{3}}$$
$$= \frac{2}{\sqrt{3}}\left(\frac{R\sqrt{3}}{2} - d\right)$$
$$= R - \frac{2d}{\sqrt{3}}.$$

Son aire est égale à

$$\frac{1}{2} \times 6\left(R - \frac{2d}{\sqrt{3}}\right)\left(\frac{R\sqrt{3}}{2} - d\right)$$
$$= \frac{3(R\sqrt{3} - 2d)^2}{2 \times \sqrt{3}}$$
$$= \frac{\sqrt{3}(3R^2 + 4d^2 - 4Rd\sqrt{3})}{2}.$$

La différence des aires de ces hexagones égale

$$\frac{3R^2\sqrt{3}}{2} - \frac{3R^2\sqrt{3} + 4d^2\sqrt{3} - 12Rd}{2}$$
$$= 6Rd - 2d^2\sqrt{3},$$

ou, en remplaçant R par 8^m et d par $0^m,8$,

$$6 \times 8 \times 0,8 - 2 \times 0,8^2 \sqrt{3} = 36^{m2},183.$$

Le volume des murs mesure donc

$$36^{m2},183 \times 6,2 = 224^{m3},3346.$$

Il faut en déduire les ouvertures, dont l'ensemble forme un prisme ayant $0^m,8$ de hauteur et une base égale au douzième de la surface moyenne des murs.

La surface extérieure est égale au produit du périmètre par la hauteur, soit

$$6\,R \times h$$

et la surface intérieure est de même égale à

$$6\,R' \times h.$$

La surface moyenne vaut donc

$$\frac{6\,R\,h + 6\,R'h}{2} = 3\,h\,(R + R')$$

ou, puisque
$$R' = R - \frac{2\,d}{\sqrt{3}},$$

$$3\,h\,(R + R') = 3\,h\left(2\,R - \frac{2\,d}{\sqrt{3}}\right)$$
$$= 6\,h\left(R - \frac{d}{\sqrt{3}}\right)$$
$$= 2\,h\,(3\,R - d\sqrt{3}).$$

Le douzième de cette surface égale

$$\frac{h}{6}(3\,R - d\sqrt{3}) = \frac{5}{6}(24 - 0,8\sqrt{3}).$$

Le volume des ouvertures mesure

$$\frac{5\,(24 - 0,8\sqrt{3})\,0,8}{6} = 15^{m3},0762.$$

Donc la maçonnerie occupe

$$224^{m3},3346 - 15^{m3}0762 = 209^{m3},2584.$$

Le propriétaire doit à l'entrepreneur

$$14^f,05 \times 209,2584 = 2\,940^f,08.$$

53. Énoncé. — Un prisme droit a pour base un octogone régulier de rayon R et sa hauteur égale le côté du carré inscrit dans un cercle de même rayon.

Calculer en fonction de R :

1° La surface de la base du prisme ;

2° Le volume du solide ;

3° Sa surface latérale.

Appliquer au cas où $R = 0^m,28$. (*Aspirants, Bordeaux.*)

Solution. — 1° Soit ABCDEFGH l'octogone de base du prisme ; il est formé de 8 triangles égaux à AOB.

Si l'on prend OB pour base, la hauteur est AH ; B étant le milieu de l'arc AC, le prolongement de AH passe en C et

$$AH = \frac{AC}{2},$$

soit la moitié du côté du carré inscrit dans le cercle.

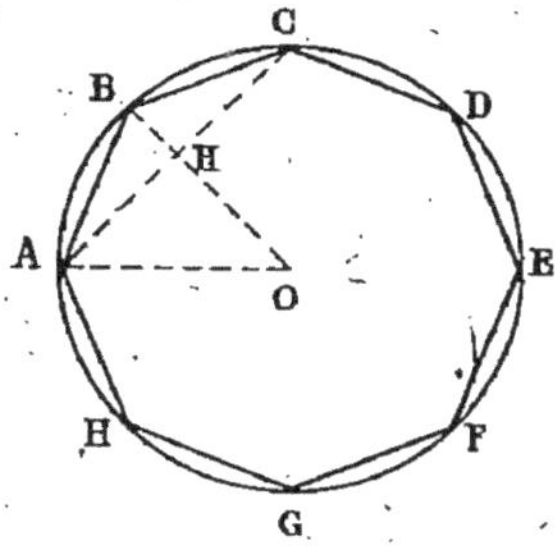

Fig. 65.

L'aire du triangle AOB est donc égale à

$$\frac{1}{2} R \times \frac{R\sqrt{2}}{2} = \frac{R^2\sqrt{2}}{4},$$

et, par suite, celle de l'octogone, à

$$8 \times \frac{R^2\sqrt{2}}{4} = 2R^2\sqrt{2}.$$

2° Le volume du prisme est égal au produit de l'aire de la base par la hauteur, et puisque la hauteur est $R\sqrt{2}$,

$$V = 2R^2\sqrt{2} \times R\sqrt{2} = 4R^3.$$

3° La surface latérale est égale au produit du périmètre de la base par la hauteur du prisme.

Or, l'angle $\widehat{AOB}$ étant aigu (il vaut $\frac{360^0}{8} = 45^0$),

$$\overline{AB}^2 = \overline{AO}^2 + \overline{OB}^2 - 2\,OB \times OH$$

$$= R^2 + R^2 - 2R \times \frac{R\sqrt{2}}{2},$$

car OH est l'apothème du carré inscrit,

ou $$\overline{AB}^2 = R^2(2-\sqrt{2}).$$

Donc $$AB = R\sqrt{2-\sqrt{2}}$$

et la surface latérale du prisme égale

$$8R\sqrt{2-\sqrt{2}} \times R\sqrt{2} = 8R^2\sqrt{2(2-\sqrt{2})}.$$

4° *Application numérique.* — Si $R = 28^{cm}$, la surface de l'octogone mesure

$$2 \times 28^2 \times \sqrt{2} = 1568\sqrt{2}$$

soit, en prenant $\sqrt{2} = 1,4142$,

$$1568 \times 1,4142 = 2217^{cm^2} \text{ à } 1^{cm^2} \text{ près par défaut.}$$

Le volume du prisme mesure

$$4 \times 28^3 = 87\,808^{cm^3}$$

Sa surface latérale mesure

$$8 \times 28^2\sqrt{2(2-\sqrt{2})},$$

soit, en calculant $\sqrt{2(2-\sqrt{2})}$ avec 4 chiffres décimaux,

$$6788^{cm^2} \text{ à } 1^{cm^2} \text{ près par défaut.}$$

---

54. Énoncé. — Les arêtes OA, OB, OC du tétraèdre OABC sont perpendiculaires deux à deux. On mène la hauteur OH du triangle rectangle OAB et l'on joint CH. On sait que la surface totale du tétraèdre est égale à 680^{cm^2} et que les arêtes OA et OB ont pour longueurs 15^{cm} et 20^{cm}. Calculer :

1° La longueur OH ;

2° La longueur $OC = x$.

Expliquer pourquoi, des deux solutions de l'équation du second degré d'où vous tirez x, une seule convient au problème. (*Aspirants, Poitiers.*)

Solution. — 1° Le triangle AOB étant rectangle, son aire est égale à

$$\frac{AO \times OB}{2}$$

ou à $\frac{AB \times OH}{2}$;

donc

$$AO \times OB = AB \times OH$$

et par suite

$$OH = \frac{AO \times OB}{AB}.$$

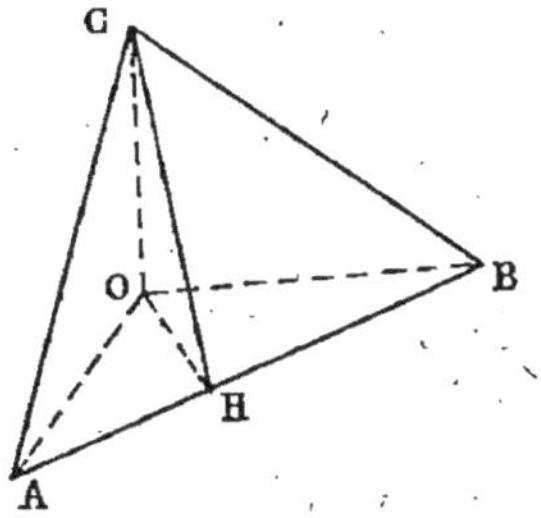

Fig. 66.

Le triangle rectangle AOB donne

$$\overline{AB}^2 = \overline{AO}^2 + \overline{OB}^2$$
$$= 15^2 + 20^2 = 625,$$

ou $$AB = \sqrt{625} = 25^{cm}.$$

Par conséquent $$OH = \frac{15 \times 20}{25} = 12^{cm}.$$

2° L'aire du tétraèdre est la somme des aires de ses 4 faces ; on a

$$\text{aire } AOB = \frac{15 \times 20}{2} = 150^{cm^2},$$

$$\text{aire } AOC = \frac{15 \times x}{2},$$

$$\text{aire } BOC = \frac{20 \times x}{2},$$

$$\text{aire } ABC = \frac{25 \times CH}{2},$$

car CO étant perpendiculaire au plan AOB et OH perpendiculaire à la droite AB de ce plan, CH est perpendiculaire à AB.

Dans le triangle rectangle COH, on a

$$\overline{CH}^2 = \overline{CO}^2 + \overline{OH}^2$$
$$= x^2 + 144$$

ou $$CH = \sqrt{x^2 + 144}.$$

On peut donc écrire l'équation

$$150 + \frac{15\,x}{2} + \frac{20\,x}{2} + \frac{25\sqrt{x^2 + 144}}{2} = 680,$$

qui, après simplification, devient

$$7\,x + 5\sqrt{x^2 + 144} = 212,$$

ou, en isolant le radical,

$$5\sqrt{x^2+144}=212-7x. \qquad (1)$$

En élevant les 2 membres de cette équation au carré, on obtient

$$25(x^2+144)=44944-2968x+49x^2,$$

ou, en ordonnant et simplifiant,

$$3x^2-371x+5168=0. \qquad (2)$$

Cette équation a deux racines données par la formule

$$x=\frac{371\pm\sqrt{371^2-12\times 5168}}{6}$$

$$=\frac{371\pm 275}{6},$$

soit $$x'=\frac{371+275}{6}=\frac{646}{6}$$

et $$x''=\frac{371-275}{6}=16.$$

Pour que l'une de ces racines convienne au problème, il faut qu'elle vérifie l'équation (1) qui est moins générale que (2). L'équation (2) pourrait en effet être obtenue en élevant au carré les deux membres de l'équation

$$5\sqrt{x^2+144}=7x-212. \qquad (3)$$

Elle admet donc les solutions de (1) et de (3).

Le premier membre de (1) étant positif, une racine convient si elle rend le deuxième membre positif, c'est-à-dire si elle est inférieure à $\frac{212}{7}$.

La racine $x''=16$ répond seule à cette condition.

On peut vérifier que x' est solution de l'équation (3).

---

55. Énoncé. — Une pyramide triangulaire a pour base un triangle ABC rectangle en A et pour sommet un point S situé sur la perpendiculaire élevée en A au plan ABC. L'hypoténuse BC est égale à 25^m; les projections BD et DC des côtés de l'angle droit du triangle ABC sur l'hypoténuse ont pour différence 7^m. La hauteur SA de la pyramide est égale à AB + AC. Calculer le volume et la surface totale de la pyramide. (*Aspirants, Paris.*)

Solution. — 1° Le volume de la pyramide SABC est égal au tiers du produit de l'aire de la base ABC par la hauteur SA.

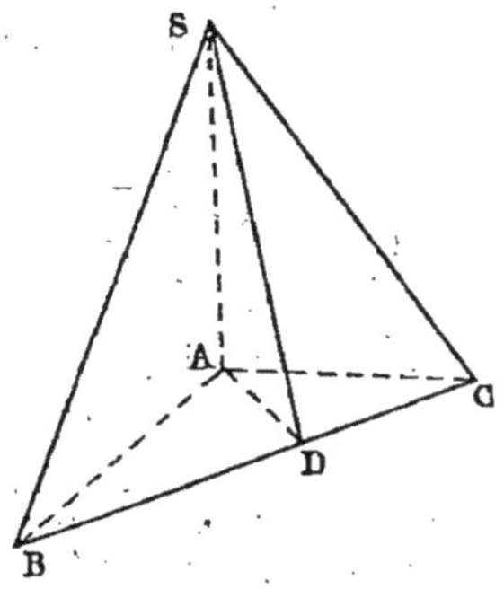

Fig. 67.

Or, $\text{aire } ABC = \dfrac{AB \times AC}{2}$.

BD étant la projection de BA sur BC, on a

$$\overline{AB}^2 = BC \times BD,$$

et de même

$$\overline{AC}^2 = BC \times CD.$$

Or, par hypothèse, on a

$$BD + DC = 25$$
$$BD - DC = 7.$$

On en tire
$$BD = \frac{25+7}{2} = 16,$$

$$DC = \frac{25-7}{2} = 9,$$

et par suite

$$\overline{AB}^2 = 25 \times 16 \quad \text{ou} \quad AB = 5 \times 4 = 20^m,$$

$$\overline{AC}^2 = 25 \times 9 \quad \text{ou} \quad AC = 5 \times 3 = 15^m.$$

Donc l'aire de ABC mesure

$$\frac{20 \times 15}{2} = 150^{m2}.$$

La hauteur de la pyramide est égale à

$$20^m + 15^m = 35^m.$$

Par conséquent son volume est égal à

$$\frac{1}{3} \times 150 \times 35 = 1750^{m3}.$$

2° La surface totale est la somme des 4 faces de la pyramide. On a

$$\text{aire ABC} = 150^{m^2},$$

$$\text{aire SAB} = \frac{20 \times 35}{2} = 350^{m^2},$$

$$\text{aire SAC} = \frac{15 \times 35}{2} = 262^{m^2},5,$$

$$\text{aire SBC} = \frac{25 \times SD}{2},$$

car SA étant perpendiculaire au plan ABC et AD perpendiculaire à une droite BC de ce plan, SD est perpendiculaire à BC.

Le triangle rectangle SAD donne

$$\overline{SD}^2 = \overline{SA}^2 + \overline{AD}^2;$$

or, l'aire du triangle ABC égale

$$\frac{25 \times AD}{2} = 150^{m^2}$$

ou
$$AD = \frac{150 \times 2}{25} = 12^m;$$

donc
$$\overline{SD}^2 = 35^2 + 12^2 = 1369$$

et
$$SD = \sqrt{1369} = 37^m.$$

Par suite on a :

$$\text{aire SBC} = \frac{25 \times 37}{2} = 462^{m^2},5.$$

L'aire totale de la pyramide est égale à

$$150^{m^2} + 350^{m^2} + 262^{m^2},5 + 462^{m^2},5 = 1225^{m^2}.$$

---

56. Énoncé. — Un réservoir en zinc est formé d'un prisme hexagonal régulier prolongé par une pyramide hexagonale régulière dont la base coïncide avec la base inférieure du prisme et qui a même hauteur que celui-ci. Trouver le côté de base et la hauteur du prisme, sachant :

1° Que le réservoir doit avoir une capacité de $34^l,992$;

2° Que la section obtenue dans ce solide par un plan mené

par deux arêtes opposées est équivalente au double de la surface de la base du prisme.

Calculer en outre le poids du réservoir en supposant que la matière dont il est formé pèse 18 grammes par décimètre carré. *(Aspirants, Paris.)*

SOLUTION. — 1° Soient x décimètres le côté de la base et y décimètres la hauteur du prisme.

L'aire de la base est égale au produit du demi-périmètre par l'apothème, soit

$$3x \times \frac{x\sqrt{3}}{2} = \frac{3x^2\sqrt{3}}{2}.$$

Le volume du prisme mesure

$$\frac{3x^2\sqrt{3}}{2} \times y$$

et celui de la pyramide

$$\frac{x^2\sqrt{3}}{2} \times y.$$

On a donc l'équation

$$\frac{3x^2y\sqrt{3}}{2} + \frac{x^2y\sqrt{3}}{2} = 34{,}992$$

ou, en simplifiant,

$$2x^2y\sqrt{3} = 34{,}992. \qquad (1)$$

La section obtenue par un plan mené par deux arêtes opposées se compose d'un rectangle de base $2x$ et de hauteur y pour la partie comprise dans le prisme, et d'un triangle de base $2x$ et de hauteur y pour la partie comprise dans la pyramide.

On a donc

$$2xy + xy = 2 \times \frac{3x^2\sqrt{3}}{2}$$

ou

$$3xy = 3x^2\sqrt{3},$$

soit, en divisant les deux membres par $3x$, x étant différent de 0,

$$y = x\sqrt{3}. \qquad (2)$$

Cette valeur substituée dans l'équation (1) donne

$$2x^3 \times 3 = 34{,}992$$

ou
$$x^3 = \frac{34,992}{2 \times 3} = 5,832.$$

On en tire
$$x = \sqrt[3]{5,832} = 1^{dm},8,$$

et par suite
$$y = 1,8 \times 1,732$$
$$= 3^{dm},12 \text{ à } 1/2^{mm} \text{ près par excès.}$$

2° La surface totale du réservoir se compose de la surface latérale du prisme, soit $6xy$, et de la surface latérale de la pyramide.

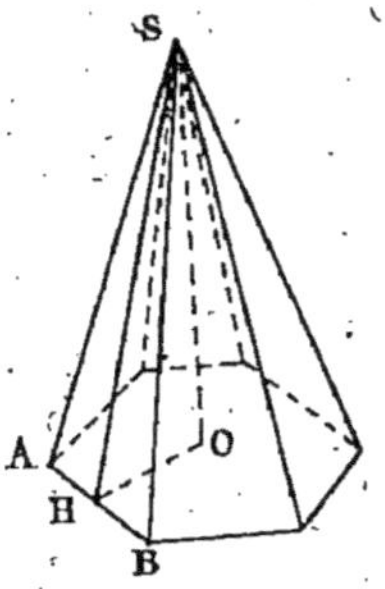

Fig. 68.

Or celle-ci est égale au demi-produit du périmètre de la base par l'apothème de la pyramide.

L'apothème SH est l'hypoténuse d'un triangle rectangle ayant pour côtés de l'angle droit la hauteur SO de la pyramide et l'apothème OH de l'hexagone de base; on a donc

$$\overline{SH}^2 = \overline{SO}^2 + \overline{OH}^2$$
$$= y^2 + \frac{3x^2}{4}$$

ou
$$SH = \sqrt{y^2 + \frac{3x^2}{4}}$$

La surface latérale de la pyramide est égale à

$$3x\sqrt{y^2 + \frac{3x^2}{4}}$$

et par suite la surface totale du réservoir, à

$$3x\left(2y + \sqrt{y^2 + \frac{3x^2}{4}}\right) = 3x\left(2x\sqrt{3} + \sqrt{3x^2 + \frac{3x^2}{4}}\right)$$
$$= 3x\left(2x\sqrt{3} + \frac{x}{2}\sqrt{15}\right) = \frac{3x^2(4\sqrt{3} + \sqrt{15})}{2}.$$

En remplaçant x par 1, 8, on trouve

$$S = \frac{3 \times 1,8^2 (4\sqrt{3} + \sqrt{15})}{2} = 52^{dm^2},5.$$

Le poids du réservoir est

$$18^g \times 52,5 = 945^g.$$

57. Énoncé. — Soit un carré ABCD de côté a. Aux points A et C, on mène, au plan de ce carré et du même côté de ce plan, les perpendiculaires Ax et Cy sur lesquelles on prend des longueurs AE égale à la diagonale du carré et CF égale aux $\frac{3}{2}$ de cette diagonale.

1° Calculer les côtés du trapèze ACFE.

2° Calculer BE et BF et prouver que le triangle FEB est rectangle en E.

3° Démontrer que EF est perpendiculaire au plan BED et calculer le volume de la pyramide triangulaire dont les sommets sont F, E, B, D.

Application. — Calculer ce volume à 1^{dm^3} près en prenant $a = 4^m,20$. (*Aspirants, Clermont.*)

Solution. — 1° Les côtés égaux AE et AC valent $a\sqrt{2}$, puisque AC est la diagonale d'un carré de côté a.

$$CF = \frac{3}{2}AC = \frac{3a\sqrt{2}}{2}.$$

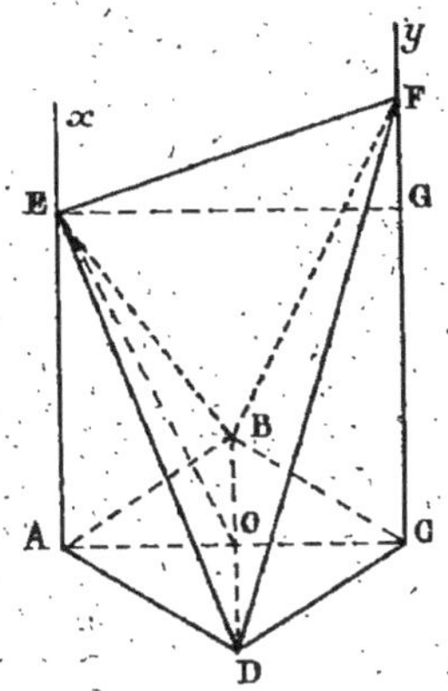

Fig. 69.

Menons EG parallèle à AC; nous formons le triangle rectangle EGF qui donne

$$\overline{EF}^2 = \overline{EG}^2 + \overline{GF}^2.$$

Or, $EG = AC = a\sqrt{2}$

et $GF = CF - CG$

$$= CF - AE = \frac{a\sqrt{2}}{2}.$$

Donc

$$\overline{EF}^2 = 2a^2 + \frac{a^2}{2} = \frac{5a^2}{2}$$

et $$EF = a\sqrt{\frac{5}{2}} = \frac{a\sqrt{10}}{2}.$$

2° Le triangle BEA est rectangle en A par hypothèse; donc

$$\overline{BE}^2 = \overline{AB}^2 + \overline{AE}^2$$

$$= a^2 + 2a^2 = 3a^2,$$

et $$BE = a\sqrt{3}.$$

De même le triangle rectangle BCF donne

$$\overline{BF}^2 = \overline{BC}^2 + \overline{CF}^2$$
$$= a^2 + \frac{9a^2}{2} = \frac{11a^2}{2},$$

et $$BF = a\sqrt{\frac{11}{2}} = \frac{a\sqrt{22}}{2}.$$

Pour démontrer que le triangle FEB est rectangle en E, il suffit de prouver que l'on a

$$\overline{FE}^2 + \overline{EB}^2 = \overline{FB}^2.$$

Or, $$\overline{FE}^2 = \frac{5a^2}{2} \quad \text{et} \quad \overline{EB}^2 = 3a^2;$$

donc $$\overline{FE}^2 + \overline{EB}^2 = \frac{5a^2}{2} + 3a^2$$
$$= \frac{11a^2}{2} = \overline{BF}^2.$$

3° Nous venons de démontrer que la droite EF est perpendiculaire à BE ; elle l'est aussi à ED.

En effet, les triangles FEB et FED ont les trois côtés égaux chacun à chacun (FE commun, EB = ED, FB = FD comme obliques issues d'un même point et s'écartant également du pied de la perpendiculaire) ; donc ils sont égaux et

$$\widehat{FED} = \widehat{FEB} = 1 \text{ droit}.$$

EF étant perpendiculaire à deux droites du plan, BED est perpendiculaire au plan.

Le volume de la pyramide FEBD est égal au produit de l'aire de la base EBD par le tiers de la hauteur FE.

Or, $$\text{aire } EBD = \frac{BD \times EO}{2},$$

car dans le triangle isocèle EBD, la médiane EO est hauteur.

Le triangle rectangle EAO donne

$$\overline{EO}^2 = \overline{EA}^2 + \overline{AO}^2$$

$$= 2a^2 + \frac{a^2}{2} = \frac{5a^2}{2},$$

ou
$$EO = a\sqrt{\frac{5}{2}} = \frac{a\sqrt{10}}{2}.$$

Donc
$$\text{aire EBD} = \frac{a\sqrt{2} \times \frac{a\sqrt{10}}{2}}{2} = \frac{a^2\sqrt{5}}{2}$$

et
$$\text{vol FEBD} = \frac{1}{3} \times \frac{a^2\sqrt{5}}{2} \times \frac{a\sqrt{10}}{2}$$
$$= \frac{5a^3\sqrt{2}}{12}.$$

4° *Application.* Si $a = 4^m,2$ ou 42^{dm}, le volume de la pyramide FEBD mesure

$$\frac{5 \times 42^3 \times \sqrt{2}}{12} = 30870\sqrt{2}.$$

Pour obtenir ce produit à une unité près, il suffit que l'erreur sur $\sqrt{2}$ soit inférieure à $\frac{1}{100000}$; on prend donc $\sqrt{2}$ avec 5 chiffres décimaux et on trouve

$$V = 30870 \times 1,41421$$
$$= 43656^{dm^3} \text{ à } 1^{dm^3} \text{ près par défaut.}$$

---

58. Énoncé. — On coupe une pyramide régulière à base octogonale par un plan parallèle à sa base. Connaissant l'apothème a de la base et la hauteur h de la pyramide, et sachant que la surface latérale de la petite pyramide détachée est équivalente à la surface de la base de la grande pyramide, on demande de calculer :

1° A quelle distance du sommet de la grande pyramide passe le plan sécant ;

2° Le volume de la grande pyramide.

Appliquer les formules au cas où $a = h = 1$ mètre.

(*Aspirants, Chambéry.*)

1° Soient A'B'C'.... la section faite par un plan parallèle à ABC.... dans la pyramide SABC...., et x sa distance au sommet S. Menons l'apothème SK'K de cette pyramide.

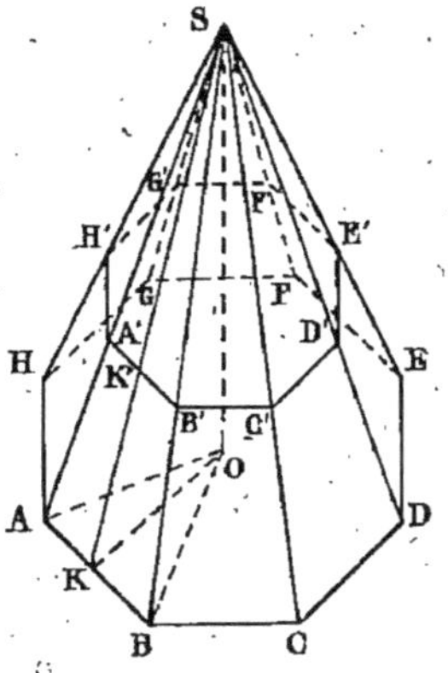

Fig. 70.

L'aire latérale de la petite pyramide est égale à $\frac{8\,A'B' \times SK'}{2}$,

et celle de la grande pyramide à

$$\frac{8AB \times SK}{2}.$$

Donc le rapport de leurs aires est égal à

$$\frac{A'B'}{AB} \times \frac{SK'}{SK}.$$

Or, on sait que

$$\frac{A'B'}{AB} = \frac{SK'}{SK} = \frac{x}{h};$$

le rapport des aires latérales vaut

$$\left(\frac{x}{h}\right)^2,$$

et par suite l'aire latérale de la petite pyramide égale

$$\frac{8\,AB \times SK}{2} \times \left(\frac{x}{h}\right)^2.$$

Soit SO la hauteur de la grande pyramide; OK est l'apothème de la base et

$$\overline{SK}^2 = \overline{SO}^2 + \overline{OK}^2$$

ou

$$SK = \sqrt{h^2 + a^2}.$$

D'autre part, l'aire de la base ABCD... est égale à

$$\frac{8\,AB \times a}{2}.$$

D'après l'énoncé, on peut donc écrire l'équation

$$\frac{8\,AB\sqrt{h^2 + a^2}}{2} \times \left(\frac{x}{h}\right)^2 = \frac{8\,AB \times a}{2},$$

ou, en simplifiant par $\frac{8\,AB}{2}$,

$$\sqrt{h^2 + a^2} \times \left(\frac{x}{h}\right)^2 = a.$$

On en tire

$$\frac{x^2}{h^2}=\frac{a}{\sqrt{h^2+a^2}},$$

ou

$$x=h\sqrt{\frac{a}{\sqrt{h^2+a^2}}}.$$

2° Le volume de la grande pyramide est égal au tiers du produit de l'aire de la base ABC... par la hauteur SO. Il faut donc calculer AB.

En appelant R le rayon du cercle O circonscrit au polygone ABC..., on a (prob. n° 55).

$$AB=R\sqrt{2-\sqrt{2}}.$$

Le triangle rectangle AOK donne

$$R^2=\overline{OK}^2+\overline{AK}^2$$

$$=a^2+\frac{\overline{AB}^2}{4}$$

On peut donc écrire

$$\overline{AB}^2=\left(a^2+\frac{\overline{AB}^2}{4}\right)(2-\sqrt{2})$$

$$=a^2(2-\sqrt{2})+\frac{\overline{AB}^2}{4}(2-\sqrt{2})$$

ou

$$\frac{\overline{AB}^2}{4}(4-2+\sqrt{2})=a^2(2-\sqrt{2}).$$

On en tire

$$\overline{AB}^2=\frac{4a^2(2-\sqrt{2})}{2+\sqrt{2}}$$

et

$$AB=2a\sqrt{\frac{2-\sqrt{2}}{2+\sqrt{2}}}$$

$$=2a\sqrt{\frac{(2-\sqrt{2})^2}{2}}=a(2-\sqrt{2})\sqrt{2}$$

$$=2a(\sqrt{2}-1).$$

L'aire de la base ABC... est égale à

$$\frac{8\times 2a(\sqrt{2}-1)}{2}\times a=8a^2(\sqrt{2}-1)$$

et le volume de la pyramide, à

$$\frac{8}{3}a^2 h\left(\sqrt{2}-1\right).$$

3° Si $a=h=1^m$, on trouve

$$x=\sqrt{\frac{1}{\sqrt{1+1}}}=\sqrt{\frac{1}{\sqrt{2}}}$$

$$=\sqrt{\frac{\sqrt{2}}{2}}=0^m,84 \text{ à } 1^{mm} \text{ près par défaut,}$$

et

$$V=\frac{8}{3}\left(\sqrt{2}-1\right)$$

$$=1^{m^3},104 \text{ à } 1^{dm^3} \text{ près par défaut.}$$

---

59. Énoncé. — Étant donné un tétraèdre régulier SABC dont l'arête a pour longueur a, on demande de calculer :

1° Le volume de ce tétraèdre;

2° La longueur de la droite MN qui joint les milieux de deux arêtes opposées SA, BC;

3° A quelle distance du sommet S il faut mener un plan parallèle à la base ABC pour que le solide soit divisé en deux parties équivalentes.

Application. — $a=2$ mètres. (*Aspirants, Grenoble.*)

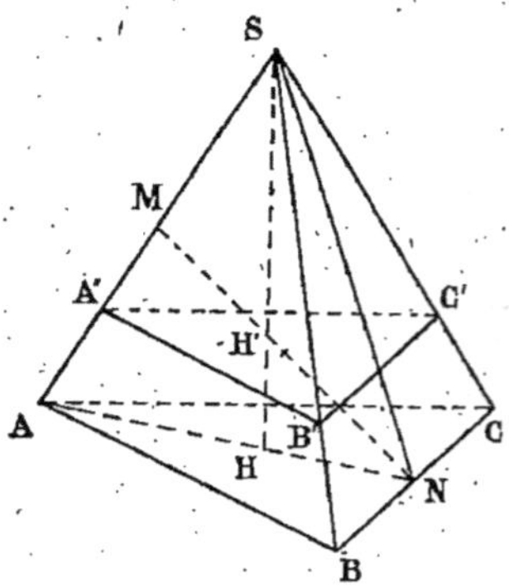

Fig. 71.

Solution. — 1° Soit SH la hauteur du tétraèdre régulier SABC; son volume est égal à

$$V=\frac{\text{aire ABC}\times \text{SH}}{3}.$$

Or, le triangle ABC étant équilatéral et son côté égal à a, on a

$$\text{aire ABC}=\frac{a^2\sqrt{3}}{4}.$$

Le triangle rectangle SAH donne

$$\overline{SH}^2=\overline{SA}^2-\overline{AH}^2.$$

Or le tétraèdre étant régulier, H est le centre du triangle équilatéral ABC et, par suite, AH est égal aux $\frac{2}{3}$ de la hauteur AN, soit

$$AH = \frac{2}{3}\,\frac{a\sqrt{3}}{2} = \frac{a\sqrt{3}}{3}.$$

On a donc

$$\overline{SH}^2 = a^2 - \frac{3a^2}{9}$$
$$= \frac{6a^2}{9}$$

et

$$SH = \frac{a\sqrt{6}}{3}.$$

Par conséquent

$$V = \frac{1}{3} \times \frac{a^2\sqrt{3}}{4} \times \frac{a\sqrt{6}}{3}$$
$$= \frac{a^3 \times 3\sqrt{2}}{12 \times 3} = \frac{a^3\sqrt{2}}{12}.$$

2° Le triangle SAN a deux côtés égaux, SN = NA, comme hauteurs de triangles équilatéraux égaux ; il est donc isocèle et la médiane NM est perpendiculaire à SA. On en tire

$$\overline{MN}^2 = \overline{AN}^2 - \overline{AM}^2$$
$$= \frac{3a^2}{4} - \frac{a^2}{4} = \frac{2a^2}{4},$$

et

$$MN = \frac{a\sqrt{2}}{2}.$$

3° Soient A′B′C′ le plan qui divise SABC en 2 parties équivalentes, H′ son intersection avec SH. On a par hypothèse

$$\frac{V.\,SA'B'C'}{V.\,SABC} = \frac{1}{2},$$

ou

$$\frac{\text{aire } A'B'C' \times SH'}{\text{aire } ABC \times SH} = \frac{1}{2}.$$

Or, on sait que

$$\frac{\text{aire } A'B'C'}{\text{aire } ABC} = \frac{\overline{SH'}^2}{\overline{SH}^2};$$

on a donc

$$\frac{\overline{SH'}^2}{\overline{SH}^2} \times \frac{SH'}{SH} = \frac{1}{2}$$

ou
$$\overline{SH'}^3 = \frac{1}{2}\overline{SH}^3.$$

On en déduit
$$SH' = \frac{SH}{\sqrt[3]{2}} = \frac{SH\sqrt[3]{4}}{2}$$
$$= \frac{a\sqrt{6}\sqrt[3]{4}}{6}.$$

4° *Application.* — Si $a = 2^m$, on trouve
$$V = \frac{8\sqrt{2}}{12} = \frac{2\sqrt{2}}{3}$$
$$= 0^{m3}943 \text{ à } \frac{1}{2}{}^{dm3} \text{ près par excès;}$$
$$MN = \frac{2\sqrt{2}}{2} = 1^m{,}414 \text{ à } 1^{mm} \text{ près par défaut;}$$
$$SH' = \frac{2\sqrt{6}\sqrt[3]{4}}{6} = 2{,}4495 \times 1{,}5874$$
$$= 1^m{,}296 \text{ à } 1^{mm} \text{ près.}$$

---

60. ÉNONCÉ. — Soit SABCD une pyramide quadrangulaire régulière dont les arêtes latérales sont égales à la diagonale $AC = 6^m$ du carré de base. Du centre O de la base, on abaisse la perpendiculaire OA′ sur l'arête SA et par le pied A′ de cette perpendiculaire, on mène un plan parallèle à la base ABCD, qui détermine dans la pyramide la section A′B′C′D′.

1° Calculer à un décimètre cube près le volume de la pyramide SABCD.

2° Calculer à un décimètre cube près le volume du tronc ABCDA′B′C′D′. (*Aspirants, Paris.*)

SOLUTION. — 1° Le volume de la pyramide SABCD est égal au tiers du produit de l'aire de la base par la hauteur, soit
$$\frac{1}{3}\overline{AB}^2 \times SO,$$
puisque la base est un carré.

Le triangle rectangle isocèle ABC donne

$$2\overline{AB}^2 = \overline{AC}^2$$

ou

$$\overline{AB}^2 = \frac{\overline{AC}^2}{2} = 18^{m2};$$

dans le triangle rectangle SAO, on a

$$\overline{SO}^2 = \overline{SA}^2 - \overline{AO}^2$$

$$= 4\overline{AO}^2 - \overline{AO}^2 = 3\overline{AO}^2$$

puisque

$$SA = AC = 2AO;$$

donc

$$SO = AO\sqrt{3} = 3\sqrt{3},$$

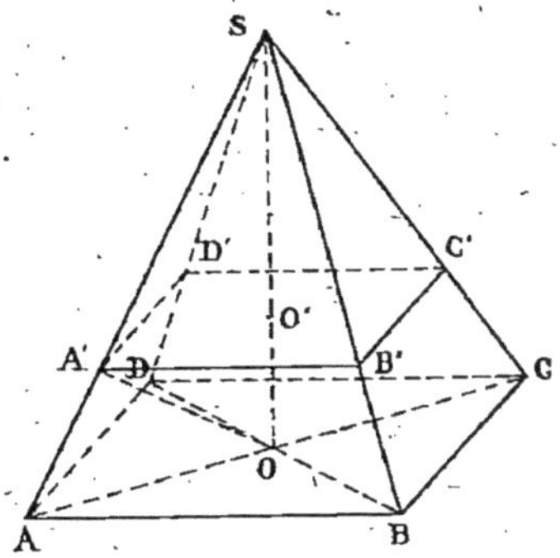

Fig. 72.

et par suite le volume de la pyramide est égal à

$$\frac{1}{3} \times 18 \times 3\sqrt{3} = 18\sqrt{3}$$

$$= 31^{m3},177 \text{ à } 1^{dm3} \text{ près.}$$

2° Soient V et V' les volumes des pyramides SABCD et SA'B'C'D'; le volume du tronc est égal à

$$V - V'.$$

Or

$$\frac{V}{V'} = \frac{\overline{AB}^2 \times SO}{\overline{A'B'}^2 \times SO'},$$

ou, puisque les plans ABCD et A'B'C'D' étant parallèles

$$\frac{AB}{A'B'} = \frac{SA}{SA'} = \frac{SO}{SO'},$$

$$\frac{V}{V'} = \frac{\overline{SA}^3}{\overline{SA'}^3}. \qquad (1)$$

Dans le triangle rectangle SAO, SA' est la projection de SO sur l'hypoténuse; donc

$$\overline{SO}^2 = SA' \times SA$$

ou

$$SA' = \frac{\overline{SO}^2}{SA}.$$

L'égalité (1) peut donc s'écrire :

$$\frac{V}{V'} = \frac{\dfrac{\overline{SA}^3}{\overline{SO}^6}}{\dfrac{\overline{SO}^6}{\overline{SA}^3}} = \frac{\overline{SA}^6}{\overline{SO}^6}$$

$$= \left(\frac{SA}{SO}\right)^6 = \left(\frac{6}{3\sqrt{3}}\right)^6 = \frac{64}{27}.$$

On en déduit

$$\frac{V - V'}{V} = \frac{64 - 27}{64};$$

le volume du tronc est donc égal à

$$V - V' = \frac{37}{64} \times V$$

$$= \frac{37}{64} \times 18\sqrt{3} = 18^{m^3},024$$

à 1^{dm^3} près par défaut.

---

61. Énoncé. — La base inférieure d'un tronc de pyramide régulier à bases parallèles est un triangle équilatéral dont le côté a est donné. Calculer le côté de la base supérieure, sachant que le volume du tronc de pyramide est égal au volume du prisme ayant pour base la base inférieure du tronc, et pour hauteur une hauteur égale à la moitié de celle du tronc.

Application numérique. — $a = 8^m$. (*Aspirants, Dijon.*)

Solution. — Soient x le côté de la base supérieure du tronc, h la hauteur.

Les bases étant des triangles équilatéraux ont pour aires respectives

$$\frac{a^2\sqrt{3}}{4} \quad \text{et} \quad \frac{x^2\sqrt{3}}{4};$$

leur moyenne géométrique est égale à

$$\sqrt{\frac{a^2\sqrt{3}}{4} \times \frac{x^2\sqrt{3}}{4}} = \frac{ax\sqrt{3}}{4}.$$

Par conséquent le volume du tronc vaut

$$\frac{h}{3}\left(\frac{a^2\sqrt{3}}{4}+\frac{x^2\sqrt{3}}{4}+\frac{ax\sqrt{3}}{4}\right)=\frac{h\sqrt{3}}{12}(a^2+x^2+ax).$$

Le volume du prisme, ayant pour base la base inférieure du tronc, et pour hauteur $\frac{h}{2}$, est égal à

$$\frac{a^2\sqrt{3}}{4}\times\frac{h}{2}.$$

Ces volumes étant équivalents, on a l'équation

$$\frac{h\sqrt{3}}{12}(a^2+x^2+ax)=\frac{a^2\sqrt{3}}{4}\times\frac{h}{2},$$

que l'on peut simplifier en divisant les deux membres par $h\sqrt{3}$ et en chassant les dénominateurs; on obtient

$$2a^2+2x^2+2ax=3a^2$$

ou enfin

$$2x^2+2ax-a^2=0.$$

Les termes extrêmes de cette équation sont de signes contraires; elle a donc deux racines de signes contraires; seule la racine positive convient au problème, soit

$$x=\frac{-a+\sqrt{a^2+2a^2}}{2}$$

$$=\frac{a(\sqrt{3}-1)}{2}.$$

Application. — Si $a=8^m$, on trouve

$$x=\frac{8(\sqrt{3}-1)}{2}=4(\sqrt{3}-1)$$

$$=2^m,928 \text{ à } \frac{1}{2} \text{ mm. près par défaut.}$$

---

62. Énoncé. — Les diagonales AC et BD d'un losange ont pour longueurs $2a$ et a. On mène au plan de ce losange les perpendiculaires $AA'=3a$, $BB'=4a$, $CC'=a$.

1° Évaluer le volume du solide ainsi déterminé par le plan A'B'C' dans le prisme droit ABCD.

2° Évaluer sa surface totale. (*Aspirants, Lille, Rennes.*)

SOLUTION. — 1° Le plan A'B'C' contient le point D.

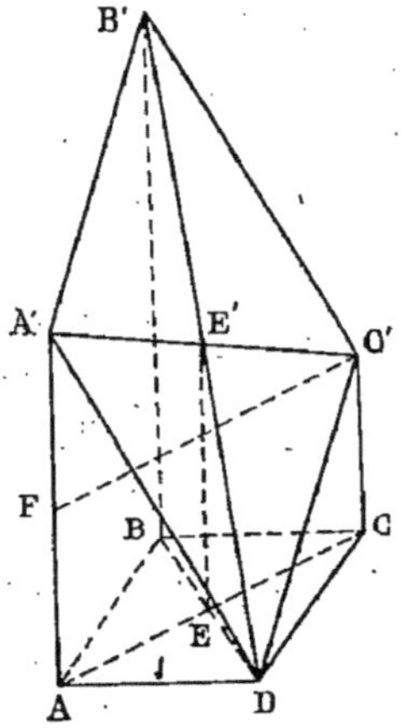

Fig. 75.

En effet, soit E' le milieu de A'C'. Dans le trapèze AA'C'C, la droite EE' joint les milieux des côtés non parallèles AC et A'C'; donc

$$EE' = \frac{AA' + CC'}{2} = \frac{3a + a}{2}$$

$$= 2a = \frac{BB'}{2}.$$

La droite B'E' est dans le plan B'BD et rencontre BD en un point D' tel que l'on ait

$$\frac{D'E}{D'B} = \frac{EE'}{BB'} = \frac{1}{2}.$$

Or, on a évidemment

$$\frac{DE}{DB} = \frac{1}{2}.$$

Donc D et D' se confondent.

Le volume du polyèdre formé est la somme des deux troncs de prismes triangulaires ABCA'B'C' et ACDA'C'.

Le volume du premier est égal à

$$\text{aire ABC} \times \frac{AA' + BB' + CC'}{3},$$

et celui du second, à

$$\text{aire ACD} \times \frac{AA' + CC'}{3}.$$

Donc le volume du polyèdre est égal, en remarquant que

$$\text{aire ABC} = \text{aire ACD},$$

à

$$\text{aire ABC} \times \frac{2AA' + BB' + 2CC'}{3},$$

soit, puisque

$$\text{aire ABC} = \frac{2a \times a}{4} = \frac{a^2}{2}$$

$$\frac{a^2}{2} \times \frac{6a + 4a + 2a}{3} = 2a^3.$$

2° La surface latérale est formée de deux trapèzes rectangles ABA'B', BCB'C' et de deux triangles rectangles C'CD et A'AD.

On peut écrire :

$$\text{aire ABA'B'} = \frac{AA' + BB'}{2} \times AB$$

$$= \frac{3a + 4a}{2} \times AB = \frac{7a}{2} \times AB;$$

$$\text{aire BCB'C'} = \frac{BB' + CC'}{2} \times BC$$

$$= \frac{4a + a}{2} \times AB = \frac{5a}{2} \times AB;$$

$$\text{aire C'CD} = \frac{CC'}{2} \times CD$$

$$= \frac{a}{2} \times AB;$$

$$\text{aire A'AD} = \frac{AA'}{2} \times AD$$

$$= \frac{3a}{2} \times AB.$$

L'aire latérale est donc égale à

$$AB\left(\frac{7a}{2} + \frac{5a}{2} + \frac{a}{2} + \frac{3a}{2}\right) = AB \times 8a.$$

Or le triangle rectangle ABE donne

$$\overline{AB}^2 = \overline{AE}^2 + \overline{BE}^2$$

$$= a^2 + \frac{a^2}{4} = \frac{5a^2}{4},$$

ou

$$AB = \frac{a\sqrt{5}}{2}.$$

L'aire latérale du polyèdre vaut

$$\frac{a\sqrt{5}}{2} \times 8a = 4a^2\sqrt{5}.$$

L'aire de la base ABCD est égale à

$$\frac{2a \times a}{2} = a^2.$$

La section du prisme par le plan A'B'C' étant un parallélogramme, son aire est égale au produit de la base par la hauteur. Or on peut remarquer que l'on a :

$$\overline{A'D}^2 = \overline{AA'}^2 + \overline{AD}^2$$
$$= 9a^2 + \frac{5a^2}{4} = \frac{41a^2}{4},$$

$$\overline{C'D}^2 = \overline{CC'}^2 + \overline{CD}^2$$
$$= a^2 + \frac{5a^2}{4} = \frac{9a^2}{4},$$

$$\overline{A'C'}^2 = \overline{C'F}^2 + \overline{FA'}^2$$
$$= \overline{CA}^2 + (AA' - CC')^2$$
$$= 4a^2 + 4a^2 = 8a^2,$$

C'F étant la parallèle à CA menée par C'.
Ces égalités montrent que

$$\overline{C'D}^2 + \overline{A'C'}^2 = \frac{9a^2}{4} + 8a^2 = \frac{41a^2}{4},$$

ou

$$\overline{C'D}^2 + \overline{A'C'}^2 = \overline{A'D}^2$$

et que par conséquent le triangle A'C'D est rectangle en C'; la droite $A'C' = \sqrt{8a^2} = 2a\sqrt{2}$ est la hauteur du parallélogramme A'B'C'D.

L'aire de ce parallélogramme égale

$$A'C' \times C'D = 2a\sqrt{2} \times \frac{3a}{2}$$
$$= 3a^2\sqrt{2}.$$

L'aire totale du solide vaut

$$4a^2\sqrt{5} + a^2 + 3a^2\sqrt{2} = a^2(4\sqrt{5} + 3\sqrt{2} + 1)$$
$$= 14{,}186\, a^2.$$

4. — CORPS RONDS

63. Énoncé. — Un jardin a la forme d'un triangle rectangle. Son périmètre a 180^m. Calculer les côtés du triangle, sachant qu'ils sont en progression arithmétique.

On veut y creuser un puits cylindrique dont l'axe soit à égale distance des 3 sommets du triangle; quelle sera cette distance?

Quelle sera la dépense d'établissement, si ce puits bâti a 15^m de profondeur, 1^m de diamètre intérieur et son mur de revêtement $0^m,40$ d'épaisseur. On sait que le mètre cube de maçonnerie revient à 7^f et l'extraction de la terre à $4^f,50$. Prendre $\pi = \frac{22}{7}$. *(Aspirants, Toulouse.)*

Solution. — 1° Soient x le côté moyen et r la raison de la progression arithmétique; les deux autres côtés mesurent respectivement

$$x - r \quad \text{et} \quad x + r.$$

On a par hypothèse

$$(x - r) + x + (x + r) = 180^m$$

ou

$$3x = 180^m.$$

On en tire

$$x = \frac{180}{3} = 60^m.$$

Le triangle étant rectangle

$$(x - r)^2 + x^2 = (x + r)^2$$

ou

$$x^2 - 2rx + r^2 + x^2 = x^2 + 2rx + r^2,$$

soit encore

$$x^2 - 4rx = 0,$$

ou en divisant par x, qui n'est pas nul,

$$x - 4r = 0.$$

Il en résulte que

$$r = \frac{x}{4} = \frac{60}{4} = 15$$

et par suite le petit côté du triangle mesure

$$60^m - 15^m = 45^m,$$

et l'hypoténuse

$$60^m + 15^m = 75^m.$$

2° Le triangle étant rectangle est inscriptible dans la circonférence ayant l'hypoténuse pour diamètre; donc le milieu O de l'hypoténuse est le point équidistant des 3 sommets.

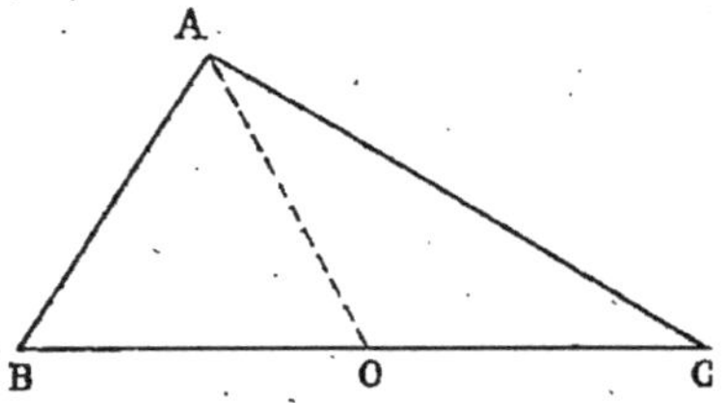

Fig. 74.

On a

$$OA = OB = OC$$

$$= \frac{BC}{2} = 37^m,50.$$

(Une moitié du puits sera hors du jardin.)

3° Pour creuser le puits, on enlève un cylindre de terre ayant pour hauteur 15^m et pour rayon

$$\frac{1^m}{2} + 0^m,40 = 0^m,90.$$

Son volume est égal à

$$\frac{22}{7} \times 0,9^2 \times 15$$

et par conséquent l'extraction de la terre coûte

$$4^f,50 \times \frac{22}{7} \times 0,9^2 \times 15 = 171^f,83.$$

Le volume de la maçonnerie est égal à la différence des volumes de deux cylindres ayant 15^m de hauteur et respectivement $0^m,90$, et $0^m,50$ de rayon, soit

$$\frac{22}{7} \times 0,9^2 \times 15 - \frac{22}{7} \times 0,5^2 \times 15$$

$$= \frac{22}{7} \times 15\,(0,9^2 - 0,5^2).$$

Elle coûte

$$7^f \times \frac{22}{7} \times 15\,(0,9^2 - 0,5^2) = 184^f,80.$$

La construction du puits revient donc à

$$171^f,83 + 184^f,80 = 356^f,63.$$

64. Énoncé. — Un carré ABCD tourne autour d'un de ses côtés CD et engendre ainsi un cylindre; on tire parallèlement à l'axe DC une droite MN et l'on considère également le cylindre engendré par le rectangle MNCD tournant autour de CD.

1° Calculer DM de telle sorte que le volume du cylindre engendré par ABCD soit le double du volume du cylindre engendré par MNCD.

2° Calculer DM de telle sorte que la surface totale du cylindre engendré par ABCD soit le double de la surface totale du cylindre engendré par MNCD.

Dire, dans les deux cas, si les expressions numériques trouvées pour DM rappellent une figure de géométrie et indiquer les constructions de DM. On représentera par a le côté du carré donné ABCD. (*Aspirants, Bordeaux.*)

Solution. — 1° Le carré ABCD tournant autour de DC engendre un cylindre de rayon a et de hauteur a; son volume égale

$$\pi a^2 \times a = \pi a^3.$$

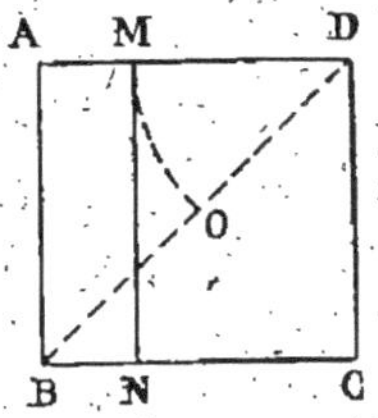

Fig. 75.

Le rectangle DMNC engendre un cylindre de rayon x (en posant $DM = x$) et de hauteur a; son volume égale

$$\pi x^2 \times a = \pi a x^2.$$

Le premier volume étant le double du second, on a l'équation

$$\pi a^3 = 2\pi a x^2$$

de laquelle on tire

$$x^2 = \frac{a^2}{2} \quad \text{ou} \quad x = \frac{a}{\sqrt{2}} = \frac{a\sqrt{2}}{2}.$$

La diagonale BD du carré est égale à $a\sqrt{2}$; donc pour avoir le point M, il suffit de décrire, de D comme centre, un arc ayant $DO = \frac{DB}{2}$ pour rayon; cet arc coupe DA au point cherché.

2° La surface totale du cylindre engendré par ABCD est égale à

$$2\pi a^2 + 2\pi a^2 = 4\pi a^2.$$

Celle du cylindre engendré par DMNC est égale à

$$2\pi x^2 + 2\pi a x.$$

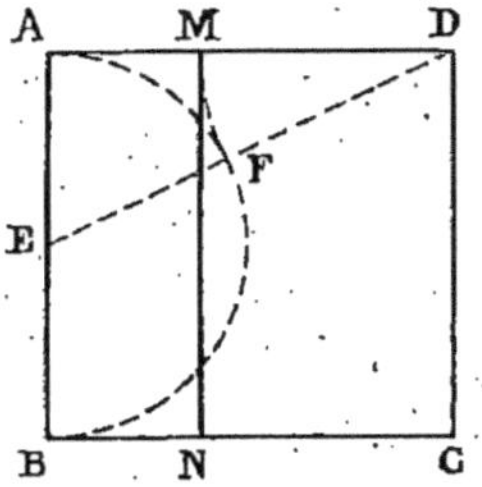

Fig. 76.

La première étant double de la seconde, on a l'équation

$$4\pi a^2 = 4\pi x^2 + 4\pi a x,$$

que l'on peut écrire en simplifiant

$$x^2 + ax - a^2 = 0.$$

Les termes extrêmes de cette équation sont de signes contraires; elle a donc deux racines de signes contraires; seule la racine positive convient au problème, soit

$$x = \frac{-a + \sqrt{a^2 + 4a^2}}{2}$$

$$= \frac{a(\sqrt{5} - 1)}{2}.$$

x est donc égal au plus grand segment de la portion de droite DA divisée en moyenne et extrême raison.

Pour obtenir M, il suffit de décrire la demi-circonférence E de diamètre AB et de tirer DE qui rencontre cette demi-circonférence en F; en rabattant DF sur DA, on a le point M cherché.

En effet, le triangle rectangle DAE donne

$$\overline{DE}^2 = \overline{DA}^2 + \overline{AE}^2$$

$$= a^2 + \frac{a^2}{4} = \frac{5a^2}{4},$$

ou

$$DE = \frac{a\sqrt{5}}{2}.$$

Donc $\quad$ DM ou $DF = DE - EF$

$$= \frac{a\sqrt{5}}{2} - \frac{a}{2} = \frac{a(\sqrt{5} - 1)}{2}.$$

---

65. Énoncé. — Un cône circulaire droit a pour rayon de base R et pour hauteur h. On découpe dans une feuille de papier un secteur circulaire pouvant recouvrir exactement la surface latérale de ce cône. On demande de déterminer l'angle au centre de ce secteur.

En supposant $R = 2$, $h = 5$, calculer en degrés l'angle du secteur. (*Aspirants, Clermont.*)

Solution. — Le secteur pouvant recouvrir la surface latérale du cône SAB a pour rayon l'apothème SB du cône, et l'arc BC est égal à la circonférence de base du cône.

On a donc l'égalité

$$\pi SB \times \frac{n}{180} = 2\pi R,$$

n désignant le nombre de degrés de l'arc BC et par conséquent de l'angle au centre BSC.

On en tire

$$n = \frac{2\pi R \times 180}{\pi SB} = \frac{2R \times 180}{SB}.$$

Or SB est l'hypoténuse du triangle rectangle SOB et par conséquent

$$SB = \sqrt{R^2 + h^2}.$$

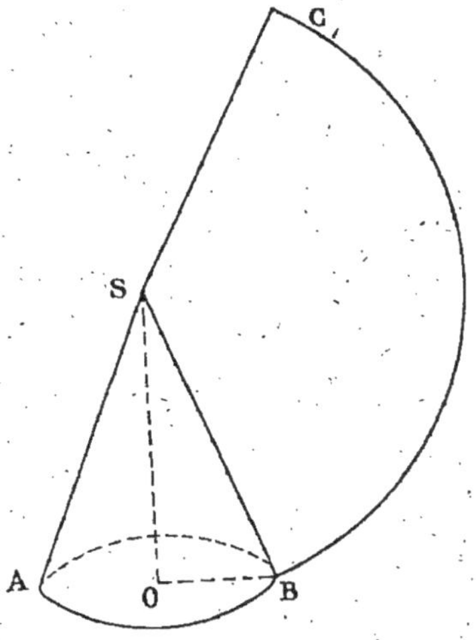

Fig. 77.

Donc
$$n = \frac{360 R}{\sqrt{R^2 + h^2}}.$$

Si $R = 2$ et $h = 5$, on trouve

$$n = \frac{360 \times 2}{\sqrt{4 + 25}} = \frac{720\sqrt{29}}{29}$$
$$= 133^\circ 42'.$$

---

66. Énoncé. — Dans un demi-cercle de rayon R, on inscrit une corde CD égale au côté du triangle équilatéral inscrit dans le cercle de rayon R et parallèle au diamètre AB. On demande :

1° L'aire du trapèze ABCD;

2° Le volume engendré par ce trapèze tournant autour de AB. (*Aspirants, Besançon.*)

SOLUTION. — L'aire du trapèze ABCD est égale à

$$\frac{AB + CD}{2} \times OH,$$

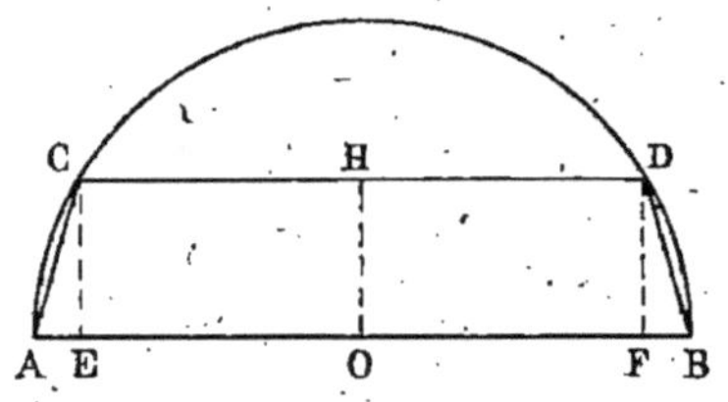

Fig. 78.

OH étant la hauteur de ce trapèze.

Or, puisque CD est le côté du triangle équilatéral inscrit dans le cercle de rayon R,

$$CD = R\sqrt{3}$$

et

$$OH = \frac{R}{2};$$

donc

$$\text{aire ABCD} = \frac{2R + R\sqrt{3}}{2} \times \frac{R}{2}$$

$$= \frac{R^2(2+\sqrt{3})}{4}.$$

2° Le volume engendré par le trapèze ABCD en tournant autour de AB est la somme du cylindre engendré par le rectangle CDEF (CE et DF étant perpendiculaires à AB) et des deux cônes engendrés par les triangles rectangles CAE et DBF.

Le cylindre engendré par CDEF a pour rayon de base $CE = OH = \frac{R}{2}$, et pour hauteur $CD = R\sqrt{3}$; son volume est égal à

$$\pi \frac{R^2}{4} \times R\sqrt{3} = \frac{\pi R^3 \sqrt{3}}{4}.$$

Les deux triangles rectangles CAE et DBF sont égaux puisqu'ils ont l'hypoténuse égale (CA = DB) et un côté de l'angle droit égal (CE = DF); ils engendrent des cônes égaux.

Le cône engendré par CAE a pour rayon de base $CE = \frac{R}{2}$, et pour

hauteur

$$AE = AO - OE = R - \frac{R\sqrt{3}}{2}.$$

Son volume est égal à

$$\frac{1}{3}\pi \frac{R^2}{4}\left(R - \frac{R\sqrt{3}}{2}\right) = \frac{\pi R^3 (2-\sqrt{3})}{24}.$$

La somme des volumes des deux cônes vaut

$$\frac{\pi R^3(2-\sqrt{3})}{12},$$

et le volume engendré par le trapèze est égal à

$$\frac{\pi R^3\sqrt{3}}{4}+\frac{\pi R^3(2-\sqrt{3})}{12}=\frac{\pi R^3(3\sqrt{3}+2-\sqrt{3})}{12}$$

$$=\frac{\pi R^3(\sqrt{3}+1)}{6}.$$

---

67. Énoncé. — Dans un cercle de centre O et de rayon R, on inscrit un hexagone régulier ABCDEF; on joint BF et AC qui se coupent en I sur OH perpendiculaire à FC. On fait tourner la figure autour de OH.

Évaluer en fonction de R :

1° La surface latérale du cône AIB et son volume;

2° La surface latérale du cône FIC et son volume ;

3° Vérifier les résultats par la similitude des solides engendrés. (*Aspirants, Clermont.*)

Solution. — 1° On sait que le quadrilatère ABCF est un trapèze isocèle et que ses diagonales AC et BF se coupent sur la droite OH qui joint les milieux des bases, droite qui est perpendiculaire aux bases.

En tournant autour de OH, le triangle AHI engendre un cône de rayon AH, de hauteur HI et d'apothème IB.

Sa surface latérale est égale à

$$S=\pi\,AH\times IB$$

et son volume à

$$V=\pi\overline{AH}^2\times\frac{HI}{3}.$$

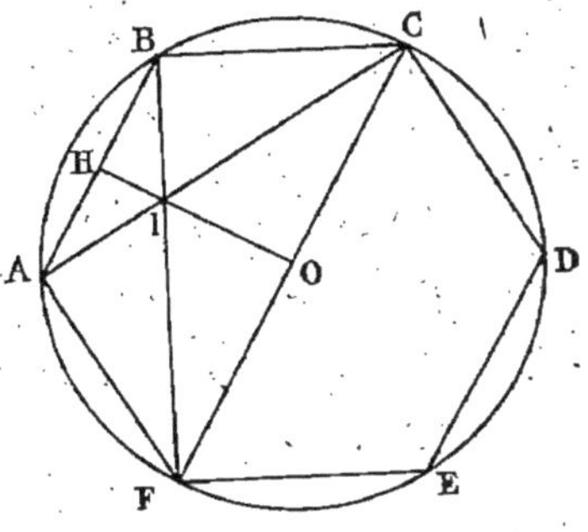

Fig. 79.

Or, AB, côté de l'hexagone régulier inscrit dans le cercle de rayon R est égal à R,

et $$AH=\frac{AB}{2}=\frac{R}{2}.$$

Les deux triangles ABI et FIC ont leurs angles égaux et sont semblables; donc

$$\frac{IB}{IF}=\frac{IH}{IO}=\frac{AB}{FC}=\frac{1}{2}.$$

IB est la moitié de IF et par conséquent le tiers de BF, c'est-à-dire le tiers du côté du triangle équilatéral inscrit :

$$IB=\frac{R\sqrt{3}}{3}.$$

De même IH est la moitié de IO et par conséquent le tiers de OH, c'est-à-dire le tiers de l'apothème de l'hexagone régulier inscrit :

$$IH=\frac{R\sqrt{3}}{6}.$$

On en tire :

$$S=\pi\frac{R}{2}\times\frac{R\sqrt{3}}{3}=\frac{\pi R^2\sqrt{3}}{6},$$

$$V=\pi\frac{R^2}{4}\times\frac{R\sqrt{3}}{6}\times\frac{1}{3}=\frac{\pi R^3\sqrt{3}}{72}.$$

2° Le triangle FIC engendre un cône ayant :
pour rayon

$$OC=R,$$

pour hauteur $$OI=2IH=\frac{R\sqrt{3}}{3},$$

pour apothème $$IF=2IB=\frac{2R\sqrt{3}}{3}.$$

Sa surface latérale est

$$S'=\pi OC\times IF$$

$$=\pi R\times\frac{2R\sqrt{3}}{3}=\frac{2\pi R^2\sqrt{3}}{3},$$

et son volume,

$$V'=\frac{1}{3}\pi\overline{OC}^2\times OI$$

$$=\frac{1}{3}\pi R^2\times\frac{R\sqrt{3}}{3}=\frac{\pi R^3\sqrt{3}}{9}.$$

3° Les triangles ABI et FIC étant semblables engendrent des cônes semblables; donc le rapport de leurs surfaces latérales est égal au carré du rapport de similitude, et le rapport de leurs volumes est égal au cube du rapport de similitude.

Le rapport de similitude est

$$\frac{AB}{FC}=\frac{1}{2}.$$

Le rapport des surfaces latérales est

$$\frac{S}{S'}=\frac{\frac{\pi R^2\sqrt{3}}{6}}{\frac{2\pi R^2\sqrt{3}}{3}}=\frac{3}{12}$$

$$=\frac{1}{4}=\left(\frac{1}{2}\right)^2.$$

Le rapport des volumes est

$$\frac{V}{V'}=\frac{\frac{\pi R^3\sqrt{3}}{72}}{\frac{\pi R^3\sqrt{3}}{9}}=\frac{9}{72}$$

$$=\frac{1}{8}=\left(\frac{1}{2}\right)^3.$$

---

68. Énoncé. — On considère un cône droit à base circulaire dont la surface totale est équivalente à l'aire d'un cercle de rayon l.

1° Calculer son volume connaissant la longueur R du rayon de la base.

2° Calculer ce volume à 1 litre près si $l=1^m$ et $R=\frac{2^m}{3}$.

(*Aspirants, Rennes.*)

Solution. — 1° Le volume du cône est égal au tiers du produit de l'aire de la base par la hauteur.

Or, la hauteur est un côté de l'angle droit d'un triangle rectangle ayant pour hypoténuse l'apothème a du cône, et pour autre côté le rayon R. On a donc

$$h=\sqrt{a^2-R} \qquad (1)$$

La surface latérale étant égale à $\pi R a$, et la surface de la base à πR^2, la surface totale vaut

$$\pi R a + \pi R^2.$$

On a donc l'équation

$$\pi R a + \pi R^2 = \pi l^2,$$

d'où l'on tire

$$R a = l^2 - R^2$$

et par suite

$$a = \frac{l^2 - R^2}{R}.$$

L'égalité (1) devient alors, si l'on remplace a par sa valeur,

$$h = \sqrt{\frac{(l^2 - R^2)^2}{R^2} - R^2} = \sqrt{\frac{l^4 - 2l^2R^2 + R^4 - R^4}{R^2}}$$

$$= \frac{l}{R}\sqrt{l^2 - 2R^2}.$$

Par conséquent, le volume du cône est égal à :

$$\frac{1}{3}\pi R^2 \times \frac{l}{R}\sqrt{l^2 - 2R^2} = \frac{\pi R l \sqrt{l^2 - 2R^2}}{3}.$$

Le problème n'est possible que si la quantité sous radical est positive, c'est-à-dire si l'on a

$$l^2 - 2R^2 > 0 \quad \text{ou} \quad l > R\sqrt{2}.$$

2° Si $l = 1^m$ et $R = \frac{2^m}{3}$, le volume du cône est égal à

$$\frac{\pi \times 2\sqrt{1 - 2 \times \frac{4}{9}}}{3 \times 3} = \frac{2\pi}{27}$$

$$= 0^{m3},233 \text{ à } 1^{dm3} \text{ près par excès.}$$

---

69. Énoncé. — Une citerne, qui a la forme d'un cône renversé dont la hauteur est de 4^m, reçoit les eaux de pluie d'un toit horizontal de 250^{m2}. Calculer le rayon d'ouverture de cette citerne, sachant qu'après une pluie continue de 5 heures, la hauteur de pluie tombée par minute étant de

$\frac{1}{12}$ de millimètre, l'eau atteint dans la citerne une hauteur de $3^m,50$. *(Aspirants, Paris.)*

Solution. — Dans la citerne SAB, l'eau occupe le volume du cône SCD dont la hauteur SH mesure $3^m,50$.

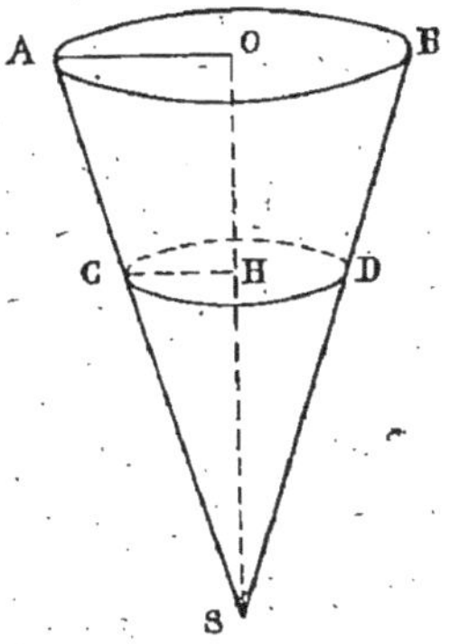

Fig. 80.

Son volume est égal à celui d'un prisme dont la base mesure 250^{m2} et la hauteur

$$\frac{1^{mm}}{12}\times 60\times 5 = 25^{mm} = 0^m,025;$$

ce volume est égal à

$$250\times 0,025 = 6^{m3},25.$$

On a donc l'égalité :

$$\frac{1}{3}\pi\overline{CH}^2\times 3,5 = 6,25$$

de laquelle on tire

$$\overline{CH}^2 = \frac{6,25\times 3}{\pi\times 3,5},$$

ou

$$CH = 2,5\sqrt{\frac{3}{\pi\times 3,5}}.$$

Les triangles rectangles SCH et SAO étant semblables, on a

$$\frac{AO}{CH} = \frac{SO}{SH};$$

on en déduit

$$AO = \frac{SO\times CH}{SH}$$

$$= \frac{4\times 2,5}{3,5}\sqrt{\frac{3}{\pi\times 3,5}}$$

$$= \frac{10}{3,5}\sqrt{\frac{3\times\frac{1}{\pi}}{3,5}} = 1^m,50 \text{ à } 1^{cm} \text{ près par excès.}$$

70. ÉNONCÉ. — On donne un cône circulaire droit. Le rayon de base est R, la hauteur h. On demande :

1° à quelle distance du sommet il faut mener un plan parallèle à la base pour détacher un cône de même volume que le solide restant ;

2° à quelle remarque donne lieu la formule trouvée.

3° Calculer la distance cherchée à 1^{mm} près si la hauteur du cône est de 1^m. (*Aspirants, Caen.*)

SOLUTION. — 1° Soit x la distance du plan A'B' au sommet S. Le volume du petit cône SA'B' est égal à

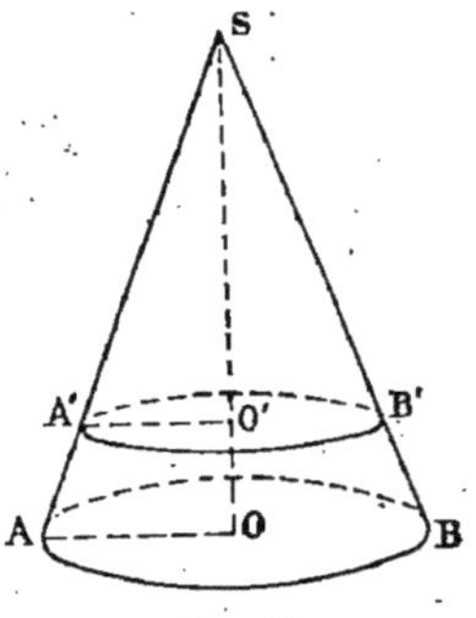

Fig. 81.

$$\frac{1}{3}\pi x \times \overline{O'A'}^2,$$

et celui du grand à

$$\frac{1}{3}\pi h \times R^2.$$

Or le petit cône étant équivalent au tronc ABA'B' est équivalent à la moitié du grand cône. On peut donc écrire :

$$\frac{\frac{1}{3}\pi x \, \overline{O'A'}^2}{\frac{1}{3}\pi h \times R^2} = \frac{1}{2},$$

ou, en simplifiant par $\frac{1}{3}.\pi$, et en remarquant que les triangles semblables SA'O' et SAO donnent

$$\frac{O'A'}{OA} = \frac{x}{h},$$

$$\left(\frac{x}{h}\right)^3 = \frac{1}{2}$$

On en tire $$\frac{x}{h} = \sqrt[3]{\frac{1}{2}}$$

soit $$x = h\sqrt[3]{\frac{1}{2}}.$$

2° On peut remarquer que la valeur de x est indépendante du rayon de base du cône SAB.

3° Si $h = 1^m$, on trouve

$$x = \sqrt[3]{\frac{1}{2}} = 0^m,793 \text{ à } 1^{mm} \text{ près par défaut.}$$

---

71. Énoncé. — Soit un trapèze rectangle ABCD dans lequel on donne la hauteur $AD = h$ et la surface mh. On demande de calculer les bases AB et CD, sachant que le rapport de la surface engendrée par le côté BC en tournant autour de AD à la surface du trapèze proposé est égal à $\frac{4\pi}{\sqrt{3}}$.

(Aspirants, Lille.)

Solution. — Soient x et y les bases DC et AB du trapèze; son aire est égale à

$$\frac{x+y}{2} \times h.$$

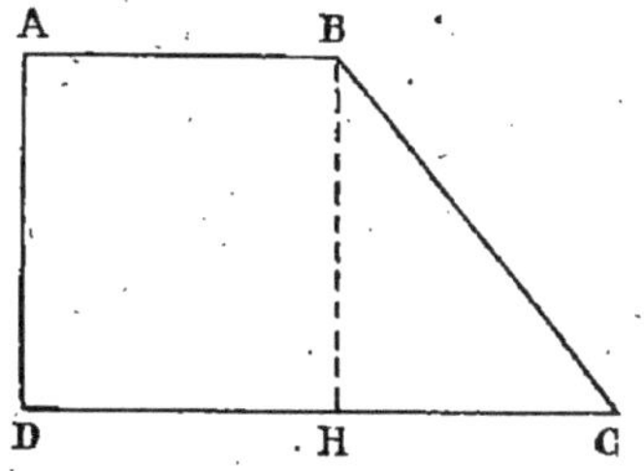
Fig. 82.

On a donc l'équation

$$\frac{x+y}{2} \times h = mh,$$

de laquelle on tire

$$x + y = 2m. \qquad (1)$$

En tournant autour de AD, BC engendre la surface latérale d'un tronc de cône dont l'aire vaut

$$\pi\, BC\, (DC + AB).$$

Or, BH étant hauteur du trapèze, le triangle rectangle BHC donne

$$\overline{BC}^2 = \overline{BH}^2 + \overline{HC}^2,$$

ou $$\overline{BC}^2 = h^2 + (x-y)^2,$$

et $$BC = \sqrt{h^2 + (x-y)^2}.$$

L'aire latérale du tronc de cône est égale à

$$\pi \sqrt{h^2 + (x-y)^2}\,(x+y).$$

On a donc l'équation

$$\frac{\pi\sqrt{h^2+(x-y)^2}\,(x+y)}{\frac{x+y}{2}\times h}=\frac{4\pi}{\sqrt{3}}$$

que l'on peut écrire en simplifiant le premier terme, et en divisant les deux membres par 2π

$$\frac{\sqrt{h^2+(x-y)^2}}{h}=\frac{2}{\sqrt{3}}.$$

En élevant les deux membres au carré, on obtient

$$\frac{h^2+(x-y)^2}{h^2}=\frac{4}{3},$$

d'où l'on tire successivement

$$h^2+(x-y)^2=\frac{4}{3}h^2,$$

$$(x-y)^2=\frac{h^2}{3},$$

soit

$$x-y=\frac{h}{\sqrt{3}}=\frac{h\sqrt{3}}{3}.$$

x et y sont donc deux nombres dont on connaît la somme $2m$, et la différence $\frac{h\sqrt{3}}{3}$; on trouve

$$x=m+\frac{h\sqrt{3}}{6}$$

et

$$y=m-\frac{h\sqrt{3}}{6}.$$

Pour que le problème soit possible, il faut que m et h soient des grandeurs positives, et que l'on trouve pour x et y des valeurs positives, ce qui exige

$$m>\frac{h\sqrt{3}}{6}.$$

Si l'on avait $m=\frac{h\sqrt{3}}{6}$, le trapèze se réduirait à un triangle rectangle.

72. Énoncé. — Étant donnés deux cercles de rayons R et r tangents extérieurement, on leur mène une tangente commune extérieure et l'on fait tourner le système autour de la droite des centres de ces deux cercles. On demande d'exprimer la surface engendrée dans une révolution entière par la portion de tangente comprise entre les deux points de contact. (*Aspirants, Chambéry.*)

Solution. — Soit AB la portion de tangente commune extérieure aux circonférences O et O', tangentes extérieures en F.

En tournant autour de OO', AB engendre la surface latérale d'un tronc de cône ayant pour apothème AB et pour rayons des bases les perpendiculaires AC et BD abaissées de A et B sur OO'.

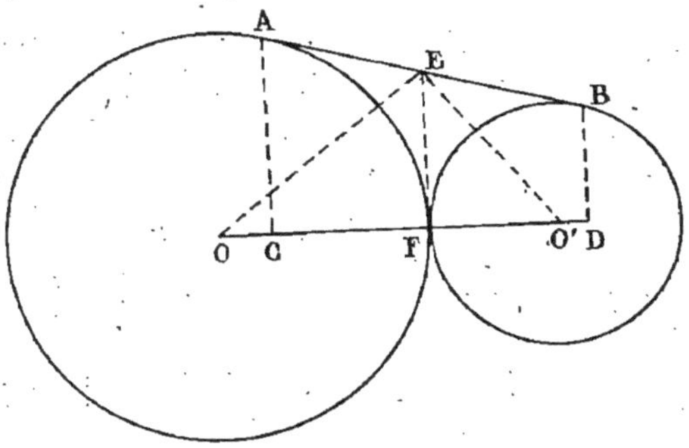

Fig. 83.

Son aire est égale à $\pi(AC + BD)AB$.

Soit EF la tangente commune intérieure aux deux circonférences :

$$EF = EA \quad \text{et} \quad EF = EB$$

comme tangentes à une même circonférence issues d'un même point.

Donc E est le milieu de AB, et puisque EF, perpendiculaire à OO', est parallèle aux bases AC et AD du trapèze ABCD, on a

$$\begin{aligned} AC + BD &= 2\,EF \\ &= EA + EB = AB. \end{aligned}$$

L'aire latérale du tronc de cône est donc égale à $\pi\,\overline{AB}^2$.

Menons EO et EO'; ces droites sont bissectrices des angles adjacents, supplémentaires AEF et BEF ; elles sont donc perpendiculaires et le triangle rectangle OEO' donne

$$\begin{aligned} \overline{EF}^2 &= FO \times FO' \\ &= Rr, \end{aligned}$$

Comme $$\overline{AB}^2 = 4\,\overline{EF}^2$$
l'aire latérale du tronc de cône est égale à
$$4\pi Rr.$$

---

73. Énoncé. — Une cuve en zinc a la forme d'un tronc de cône de révolution ouvert par sa grande base de diamètre D et fermé par sa petite base. Quel est le diamètre de cette dernière, sachant que le volume de la cuve doit être égal aux $\frac{7}{16}$ du volume du cylindre de révolution ayant même ouverture et même hauteur h?

Calculer le volume de la cuve et la surface du zinc nécessaire pour la fabriquer en supposant : $D = 1$, $h = 1$.

(*Aspirants, Alger.*)

1° Soit x le diamètre de la petite base ; le volume de la cuve est égal à
$$\frac{\pi h}{3}\left(\frac{D^2}{4}+\frac{x^2}{4}+\frac{Dx}{4}\right)=\frac{\pi h}{12}(x^2+Dx+D^2).$$

Le volume du cylindre donné est égal à
$$\pi\frac{D^2}{4}h.$$

On a donc l'équation
$$\frac{\pi h}{12}(x^2+Dx+D^2)=\frac{7}{16}\pi\frac{D^2}{4}h$$
que l'on peut écrire en simplifiant et chassant les dénominateurs
$$16(x^2+Dx+D^2)=21\,D^2$$
soit enfin
$$16x^2+16Dx-5D^2=0.$$

Les termes extrêmes de cette équation sont de signes contraires ; elle a donc deux racines de signes contraires ; seule la racine positive convient au problème, soit
$$x=\frac{-8D+\sqrt{64D^2+80D^2}}{16}$$
$$=\frac{-8D+12D}{16}=\frac{D}{4}.$$

2° Si $D = 1$ et $h = 1$, le volume du cylindre est égal à

$$\pi \times \frac{1}{4},$$

et par suite celui du tronc de cône vaut

$$\frac{7}{16} \times \pi \times \frac{1}{4} = \frac{7\pi}{64},$$

soit, si le mètre est pris pour unité de longueur,

$0^{m^3},343$ à 1^{dm^3} près par défaut.

La surface de la petite base de la cuve est égale à

$$\frac{\pi x^2}{4} = \frac{\pi D^2}{64}.$$

La surface latérale est égale au produit de la demi-somme des circonférences des bases par l'apothème.

Or l'apothème a est l'hypoténuse d'un triangle rectangle ayant pour côtés de l'angle droit la hauteur h et la différence des rayons, soit $\frac{D - x}{2} = \frac{3D}{8}$.

On a donc $$a^2 = h^2 + \frac{9D^2}{64}$$

ou $$a = \sqrt{h^2 + \frac{9D^2}{64}}.$$

La surface latérale de la cuve mesure

$$\pi\left(\frac{D}{2} + \frac{x}{2}\right) a = \pi\left(\frac{D}{2} + \frac{D}{8}\right)\sqrt{h^2 + \frac{9D^2}{64}}$$

$$= \frac{5\pi D}{8}\sqrt{h^2 + \frac{9D^2}{64}},$$

et la surface totale est égale à

$$\frac{\pi D^2}{64} + \frac{5\pi D}{8}\sqrt{h^2 + \frac{9D^2}{64}} = \frac{\pi D\left(D + 5\sqrt{64h^2 + 9D^2}\right)}{64},$$

soit, si $D = h = 1$,

$$\frac{\pi\left(1 + 5\sqrt{64 + 9}\right)}{64} = 2,15 \text{ à } \frac{1}{100} \text{ près},$$

soit, en prenant le mètre pour unité de longueur, $2^{m^2},15$.

74. Énoncé. — Dans un triangle équilatéral BAB′ on mène la hauteur AC, le cercle inscrit O et la tangente EDE′ à ce cercle au point D, diamétralement opposé à C. On fait tourner la figure autour de AC.

1° Trouver la surface totale et le volume du solide engendré par la figure BEE′B′ connaissant le rayon $R = 1^m,20$ du cercle O.

2° On fend le cône engendré par BAB′ le long d'une génératrice et on développe sa surface sur un plan ; à quel angle au centre correspond le secteur obtenu ?

(*Aspirants, Nancy.*)

Solution. — 1° Le solide engendré par le trapèze BEE′B′ en tournant autour de DC est un tronc de cône car, le triangle ABB′ étant équilatéral, la hauteur ADC partage le trapèze BEE′B′ en deux trapèzes symétriques.

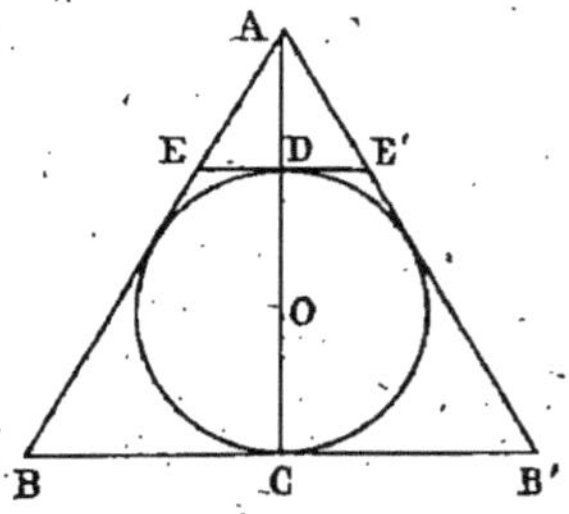

Fig. 84.

La surface totale de ce tronc de cône est égale à

$$\pi \overline{BC}^2 + \pi \overline{ED}^2 + \pi BE (BC + ED).$$

Or le centre O du cercle inscrit dans un triangle équilatéral est au tiers de la hauteur AC, à partir de C;

donc $$OC = OD = AD = \frac{AC}{3} = R,$$

ou $$AC = 3R.$$

Les deux triangles semblables AED et ABC ont pour rapport de similitude

$$\frac{AD}{AC} = \frac{1}{3}.$$

Il en résulte que :

$$\frac{ED}{BC} = \frac{1}{3} \quad \text{ou} \quad ED = \frac{BC}{3},$$

et $$\frac{AE}{AB} = \frac{1}{3} \quad \text{ou} \quad AE = \frac{AB}{3}$$

ce qui entraîne

$$BE = AB - AE = 2\frac{AB}{3},$$

ou puisque, le triangle était équilatéral, $AB = BB' = 2BC$,

$$BE = \frac{4BC}{3}.$$

La surface totale du tronc est donc égale à

$$\pi\left[\overline{BC}^2 + \frac{\overline{BC}^2}{9} + \frac{4BC}{3}\left(BC + \frac{BC}{3}\right)\right] = \pi\left[\overline{BC}^2 + \frac{\overline{BC}^2}{9} + \frac{16}{9}\overline{BC}^2\right]$$

$$= \frac{26\pi\overline{BC}^2}{9}.$$

Or on sait que

$$AC = \frac{BB'\sqrt{3}}{2}$$

ou $$3R = BC\sqrt{3};$$

on en déduit $$BC = \frac{3R}{\sqrt{3}} = R\sqrt{3},$$

et par conséquent la surface totale du tronc vaut

$$\frac{26\pi}{9} \times 3R^2 = \frac{26\pi R^2}{3}.$$

Si $R = 1^m,2$, on trouve

$$\frac{26\pi \times 1,2^2}{3} = 39^{m^2},207 \text{ à } 1^{cm^2} \text{ près par défaut.}$$

2° Le volume de ce tronc est égal à

$$\frac{1}{3}\pi CD(\overline{BC}^2 + \overline{ED}^2 + BC.ED)$$

$$= \frac{2}{3}\pi R\left(\overline{BC}^2 + \frac{\overline{BC}^2}{9} + \frac{\overline{BC}^2}{3}\right) = \frac{2}{3}\pi R \times \frac{13\overline{BC}^2}{9},$$

ou, en remplaçant $\overline{BC}^2$ par $3R^2$,

$$\frac{2}{3}\pi R \times \frac{13R^2}{3} = \frac{26\pi R^3}{9}.$$

Si $R = 1^m,2$ on trouve

$$\frac{26\pi \times 1,2^3}{9} = 15^{m^3},683 \text{ à } \frac{1}{2}{}^{dm^3} \text{ près par excès.}$$

3° Le triangle équilatéral ABB′ engendre un cône dont la circonférence de base est égale à

$$2\pi BC = \pi AB.$$

Sa surface latérale développée forme un secteur de rayon AB et dont l'arc est la circonférence de base du cône ; si cet arc vaut n degrés, on a l'équation

$$\frac{\pi AB \times n}{180} = \pi AB.$$

On en déduit

$$n = 180 \text{ degrés}$$

et par conséquent l'angle au centre correspondant vaut 180°.

---

75. Énoncé. — Calculer le volume engendré par un triangle équilatéral ABC tournant autour d'une droite xy parallèle au côté AC. Le côté du triangle équilatéral est égal à la distance de xy au côté AC et vaut $1^m,75$. Calculer le volume à un décimètre cube près. (*Aspirants, Caen.*)

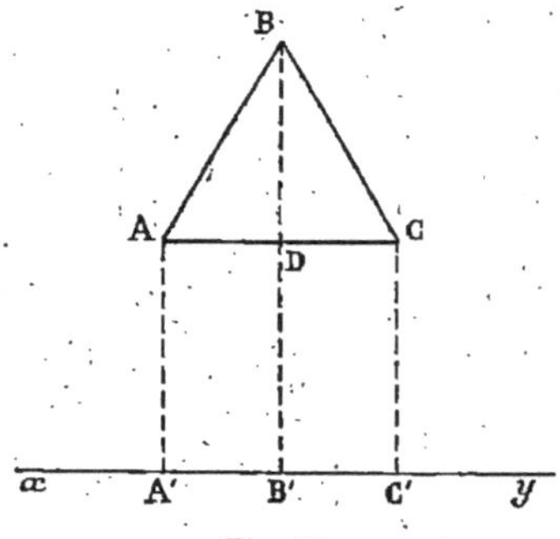

Fig. 85.

Solution. — Soient A′, B′, C′ les projections des points A, B, C sur $x\,y$.

Les deux triangles rectangles égaux ABD et BDC engendrent des solides égaux.

Or le volume engendré par ABD est la différence entre le tronc de cône engendré par le trapèze ABB′A′ et le cylindre engendré par le rectangle ADB′A′.

On a :

$$\text{vol. } ABB'A' = \frac{1}{3}\pi A'B'\left(\overline{BB'}^2 + \overline{AA'}^2 + BB'.AA'\right)$$

et

$$\text{vol. } ADB'A' = \pi A'B' \times \overline{AA'}^2.$$

Donc

$$\text{vol. ABD} = \frac{1}{3}\pi\,A'B'\left(\overline{BB'}^2 + \overline{AA'}^2 + BB'.AA' - 3\overline{AA'}^2\right)$$

$$= \frac{1}{3}\pi\,A'B'\left(\overline{BB'}^2 + BB'.AA' - 2\overline{AA'}^2\right).$$

Or, en désignant par a le côté du triangle équilatéral, on a :

$$A'B' = \frac{AC}{2} = \frac{a}{2}.$$

$AA' = AC = a$ par hypothèse,

$$BB' = B'D + BD$$

$$= a + \frac{a\sqrt{3}}{2} = \frac{a(2+\sqrt{3})}{2}$$

Par conséquent

$$\text{vol. ABD} = \frac{1}{3}\pi\frac{a}{2}\left[\frac{a^2}{4}(7+4\sqrt{3}) + \frac{a^2}{2}(2+\sqrt{3}) - 2a^2\right]$$

$$= \frac{1}{6}\pi a^3 \times \frac{7+4\sqrt{3}+4+2\sqrt{3}-8}{4}$$

$$= \frac{\pi a^3(2\sqrt{3}+1)}{8}.$$

Le volume engendré par le triangle équilatéral ABC étant le double de celui qu'engendre ABD est égal à

$$\frac{\pi a^3(2\sqrt{3}+1)}{4}.$$

Si $a = 1^m,75$, on trouve

$$\frac{\pi\, 1.75^3(2\sqrt{3}+1)}{4} = 18^{m3},79 \text{ à } 1^{dm3} \text{ près par défaut.}$$

---

76. Énoncé. — On veut construire un vase d'une capacité de 4 litres ayant la forme d'un tronc de cône AA'BB' et tel que le diamètre de la grande base soit égal à la hauteur, et celui de la petite base à la moitié de la hauteur. Calculer :

1° Le rayon du cercle qui doit former la grande base ;

2° Les rayons des arcs du secteur circulaire qu'il faut découper pour former les parois latérales ;

3° L'angle du secteur auquel correspondent ces arcs.

(*Aspirants, Toulouse.*)

Solution. — 1° Soit x décimètres la longueur du rayon OA de la grande base ; la hauteur du vase est égale à $2x$, et le rayon de la petite base à $\frac{x}{2}$. Son volume mesure

$$\frac{1}{3}\pi \times 2x\left(x^2+\frac{x^2}{4}+\frac{x^2}{2}\right)=\frac{7\pi x^3}{6}.$$

On a donc l'équation

$$\frac{7\pi x^3}{6}=4,$$

de laquelle on tire

$$x^3=\frac{24}{7\pi}$$

ou $$x=\sqrt[3]{\frac{24\times\frac{1}{\pi}}{7}}=1^{dm},03 \text{ à } 1^{mm} \text{ près par excès.}$$

2° Soit S le point de rencontre de AA′ et BB′ ; les rayons des arcs du secteur qu'il faut découper pour former les parois latérales sont respectivement SA et SA′.

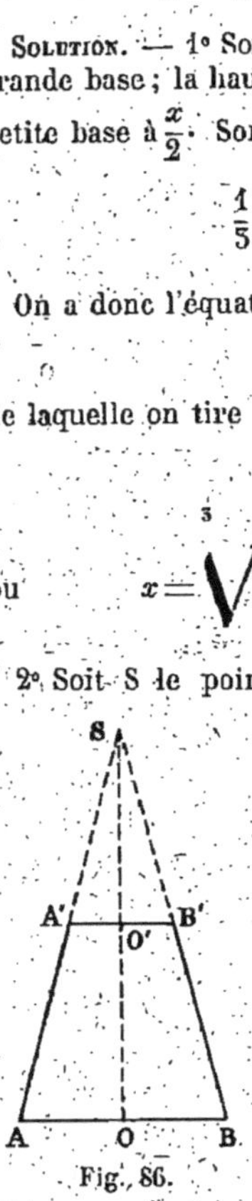

Fig. 86.

Les triangles semblables SAO et SA′O′ donnent

$$\frac{SO}{AO}=\frac{SO'}{A'O'}$$

ou

$$\frac{SO}{x}=\frac{SO'}{\frac{x}{2}}=\frac{SO-SO'}{x-\frac{x}{2}}=\frac{OO'}{\frac{x}{2}}=4;$$

donc $$SO=4x$$

et $$SO'=2x.$$

Dans les triangles rectangles SAO et SA′O′, on a

$$\overline{SA}^2=\overline{SO}^2+\overline{OA}^2 \quad \text{et} \quad \overline{SA'}^2=\overline{SO'}^2+\overline{O'A'}^2$$

ou $\overline{SA}^2 = 16x^2 + x^2 = 17x^2$ et $\overline{SA'}^2 = 4x^2 + \frac{x^2}{4} = \frac{17x^2}{4}$,

soit $SA = x\sqrt{17}$ et $SA' = \frac{x}{2}\sqrt{17}$.

On trouve

$$SA = 1{,}03 \times \sqrt{17} = 4^{dm},246 \text{ à } 1^{mm} \text{ près par excès}$$

$$SA' = \frac{1{,}03}{2} \times \sqrt{17} = 2^{dm},123.$$

5° La circonférence de la grande base est égale à $2\pi x$; le secteur dans lequel on découpe la surface latérale du tronc a pour rayon $SA = x\sqrt{17}$, et son arc est la circonférence de la grande base du tronc : si cet arc vaut n degrés, on a l'équation

$$\frac{\pi x \sqrt{17} \times n}{180} = 2\pi x$$

ou en simplifiant par πx

$$\frac{\sqrt{17} \times n}{180} = 2.$$

On en tire

$$n = \frac{360}{\sqrt{17}} = \frac{360\sqrt{17}}{17}$$

$$= 87^\circ 19' \text{ à } \frac{1}{2} \text{ minute près par excès.}$$

---

77. Énoncé. — On considère une cuve tronco-conique dont on connaît les rayons de base. On demande de déterminer les rayons des deux sections qui partagent, avec les bases, la hauteur en trois parties égales.

Calculer aussi le volume compris entre les deux sections, connaissant en plus la hauteur.

On prendra le rayon de la grande base égal à $2^m,73$, celui de la petite base égal à $1^m,26$ et la hauteur égale à $2^m,43$.

(*Aspirants, Nancy.*)

Solution. — 1° Soit ABCD la section de la cuve par un plan qui passe par l'axe EH.

Les côtés AC et BD se coupent sur EH en S ; les intersections des plans qui partagent EH en 3 parties égales avec le plan sécant passant par EH étant KFK' et MGM', on a les triangles semblables SAH, SMG, SKF et SCE. On peut donc écrire

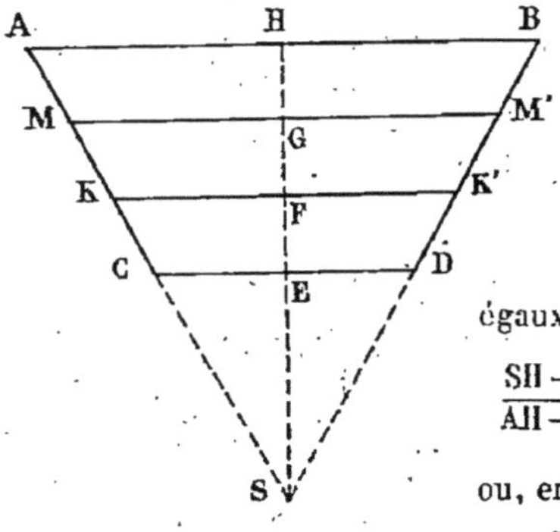

Fig. 87.

$$\frac{SH}{AH}=\frac{SG}{GM}=\frac{SF}{FK}=\frac{SE}{EC}$$

De cette suite de rapports égaux, on déduit la nouvelle suite

$$\frac{SH-SG}{AH-GM}=\frac{SG-SF}{GM-FK}=\frac{SF-SE}{FK-EC},$$

ou, en posant $AH=R$ et $EC=r$,

$$\frac{HG}{R-GM}=\frac{GF}{GM-FK}=\frac{EF}{FK-r}.$$

Les numérateurs étant égaux par hypothèse, les dénominateurs le sont aussi et :

$$R-GM=GM-FK=FK-r.$$

On en tire

$$2\,FK=GM+r, \quad \text{ou} \quad FK=\frac{GM+r}{2}.$$

et par conséquent l'équation

$$R-GM=GM-FK$$

devient

$$R-GM=GM-\frac{GM+r}{2}$$

$$=\frac{GM}{2}-\frac{r}{2}.$$

Elle donne

$$\frac{3\,GM}{2}=R+\frac{r}{2}$$

ou

$$GM=\frac{2R+r}{3}.$$

Par conséquent

$$FK=\frac{\frac{2R+r}{3}+r}{2}=\frac{R+2r}{3}.$$

Si $R=2^m,73$ et $r=1^m,26$, on trouve

$$GM = \frac{2^m,73 \times 2 + 1^m,26}{3} = 2^m,24,$$

$$FK = \frac{2^m,73 + 1^m,26 \times 2}{3} = 1^m,75.$$

2° Le volume compris entre les deux sections MM′ et KK′ est un tronc de cône dont la hauteur mesure

$$2^m,43 : 3 = 0^m,81.$$

Son volume est égal à

$$\frac{1}{3}\pi \times 0,81\ (2,24^2 + 1,75^2 + 2,24 \times 1,75) = \pi \times 0,27 \times 12,0001$$

$$= 10^{m^3},1788 \text{ à } \frac{1}{10000} \text{ près par défaut.}$$

---

78. Énoncé. — On prolonge le côté BC d'un triangle équilatéral ABC, de côté donné a, d'une longueur $CD = x$, et par le point D, on mène, dans le plan du triangle, la droite xy perpendiculaire à BC. En faisant tourner le triangle ABC autour de xy, il engendre un solide.

1° Calculer x de telle sorte que le volume du solide engendré soit égal à $\frac{4}{3}\pi a^3$.

2° Par le milieu de la hauteur AH du triangle, on mène un plan perpendiculaire à xy. Dans quel rapport ce plan partage-t-il le volume du solide engendré par ABC?

(*Aspirants, Dijon.*)

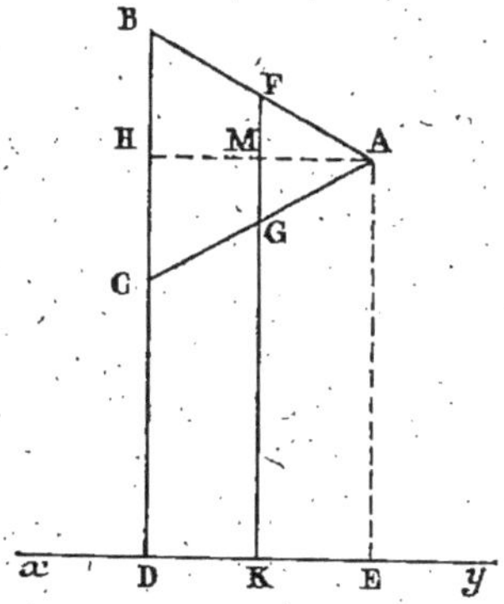

Fig. 88.

Solution. — 1° Le volume engendré par le triangle ABC en tournant autour de XY est la différence des deux troncs de cône engendrés par les trapèzes ABDE et ACDE.

On a : $\text{vol. ABDE} = \frac{1}{3}\pi\,\text{DE}\,(\overline{\text{BD}}^2 + \overline{\text{AE}}^2 + \text{BD}.\text{AE})$

et $$\text{vol. ACDE} = \frac{1}{3}\pi\, \text{DE}\left(\overline{\text{CD}}^2 + \overline{\text{AE}}^2 + \text{AE.CD}\right).$$

Par conséquent,

$$\text{vol. ABC} = \frac{1}{3}\pi\, \text{DE}\left(\overline{\text{BD}}^2 - \overline{\text{CD}}^2 + \text{BD.AE} - \text{AE.CD}\right)$$

égalité que l'on peut écrire

$$\text{vol. ABC} = \frac{1}{3}\pi\, \text{DE}\left[(\text{BD} + \text{CD})(\text{BD} - \text{CD}) + \text{AE}(\text{BD} - \text{CD})\right]$$

$$= \frac{1}{3}\pi\, \text{DE}(\text{BD} - \text{CD})(\text{BD} + \text{CD} + \text{AE}).$$

Or, AH étant la hauteur du triangle issue de A,

$$\text{AE} = \text{DH}$$
$$\text{BD} = \text{DH} + \text{BH}$$
$$\text{CD} = \text{DH} - \text{CH}$$

et par suite $$\text{BD} + \text{CD} + \text{AE} = 3\,\text{DH}.$$

On a donc enfin

$$\text{vol. ABC} = \pi\, \text{DE} \times \text{BC} \times \text{DH}. \qquad (1)$$

Le côté du triangle équilatéral étant égal à a,

$$\text{DE} = \text{AH} = \frac{a\sqrt{3}}{2},$$

$$\text{DH} = \text{DC} + \frac{\text{BC}}{2} = x + \frac{a}{2}$$

et par conséquent

$$\text{vol. ABC} = \pi\frac{a\sqrt{3}}{2} \times a\left(x + \frac{a}{2}\right) = \frac{\pi a^2\sqrt{3}}{2}\left(x + \frac{a}{2}\right).$$

Ce volume étant, par hypothèse, égal à $\frac{4}{3}\pi a^3$, on a l'équation

$$\frac{\pi a^2\sqrt{3}}{2}\left(x + \frac{a}{2}\right) = \frac{4}{3}\pi a^3$$

que l'on peut simplifier en divisant les 2 membres par πa^2, ce qui donne

$$\frac{\sqrt{3}}{2}\left(x + \frac{a}{2}\right) = \frac{4a}{3}$$

ou $$x+\frac{a}{2}=\frac{4a}{3}\times\frac{2}{\sqrt{3}}=\frac{8a}{3\sqrt{3}}.$$

On en tire $$x=\frac{8a}{3\sqrt{3}}-\frac{a}{2}=\frac{8a\sqrt{3}}{9}-\frac{a}{2}$$

$$=\frac{a(16\sqrt{3}-9)}{18}=1,0396\,a.$$

2° Le plan mené perpendiculairement à AH par le milieu M de AH limite un volume engendré par le triangle équilatéral AFG qui est la différence des deux troncs de cône engendrés par les trapèzes AFKE et AGKE.

On a $$\text{vol. AFKE}=\frac{1}{3}\pi\,\text{KE}\left(\overline{\text{FK}}^2+\overline{\text{AE}}^2+\text{FK.AE}\right)$$

$$\text{vol. AGKE}=\frac{1}{3}\pi\,\text{KE}\left(\overline{\text{GK}}^2+\overline{\text{AE}}^2+\text{GK.AE}\right)$$

et par suite

$$\text{vol. AFG}=\frac{1}{3}\pi\,\text{KE}\left(\overline{\text{FK}}^2-\overline{\text{GK}}^2+\text{FK.AE}-\text{GK.AE}\right)$$

$$=\frac{1}{3}\pi\,\text{KE}\left[(\text{FK}+\text{GK})(\text{FK}-\text{GK})+\text{AE}(\text{FK}-\text{GK})\right]$$

$$=\frac{1}{3}\pi\,\text{KE}(\text{FK}-\text{GK})(\text{FK}+\text{GK}+\text{AE}).$$

Or, comme précédemment.

$$\text{AE}=\text{KM}$$

$$\text{FK}=\text{KM}+\text{MF}$$

$$\text{GK}=\text{KM}-\text{MG}$$

et $$\text{AE}+\text{FK}+\text{GK}=3\,\text{KM}=3\,\text{DH}.$$

$$\text{FK}-\text{GK}=\text{FG}=\frac{\text{BC}}{2}.$$

$$\text{KE}=\frac{\text{DE}}{2}.$$

On a donc $$\text{vol. AFG}=\frac{1}{3}\pi\times\frac{\text{DE}}{2}\times\frac{\text{BC}}{2}\times 3\,\text{DH}$$

$$=\frac{\pi\,\text{DE}\times\text{BC}\times\text{DH}}{4}.$$

En rapprochant cette égalité de l'égalité (1), on voit que

$$\text{vol. AFG} = \frac{1}{4}\text{vol. ABC}$$

que, par conséquent,

$$\text{vol. BFGC} = \frac{3}{4}\text{vol. ABC}.$$

Le rapport de ces deux volumes est donc égal à $\frac{1}{3}$.

---

79. Énoncé. — Dans une sphère on inscrit un cône équilatéral. A quelle distance du centre de la sphère faut-il mener un plan parallèle à la base du cône pour que la différence des aires des sections faites dans la sphère et le cône soit égale aux $\frac{3}{4}$ de l'aire d'un cercle qui aurait même rayon R que la sphère. (*Aspirants, Lille.*)

Solution. — Soient SAB la section faite dans le cône par un plan passant par la hauteur SH du cône, EF l'intersection de ce plan et du plan sécant cherché.

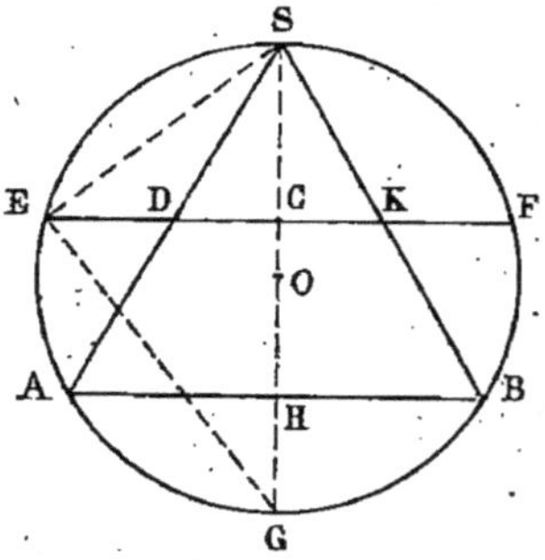

Fig. 89.

Prenons pour inconnue la distance $SC = x$ de ce plan sécant au sommet S du cône (avec cette inconnue, nous n'avons pas à considérer la position du plan par rapport au centre de la sphère).

La section faite dans la sphère est un cercle de rayon CE, son aire égale $\pi\overline{CE}^2$;

la section faite dans le cône est un cercle de rayon CD; son aire égale $\pi\overline{CD}^2$;

la différence des aires de ces sections est

$$\pi\overline{CE}^2 - \pi\overline{CD}^2 = \pi(\overline{CE}^2 - \overline{CD}^2).$$

Menons ES et EG; le triangle SEG est inscrit dans une demi-circonférence; il est rectangle et

$$\begin{aligned}\overline{CE}^2 &= SC \times CG \\ &= x(2R - x).\end{aligned}$$

Les triangles SDK et SAB étant semblables, SDK est équilatéral et par suite

$$SC = \frac{DK\sqrt{3}}{2};$$

donc

$$DK = \frac{2\,SC}{\sqrt{3}}$$

ou

$$DC = \frac{x}{\sqrt{3}}$$

On peut donc écrire l'équation

$$\pi\left[x(2R-x) - \frac{x^2}{3}\right] = \frac{3}{4}\pi R^2$$

ou, en effectuant et simplifiant,

$$2Rx - x^2 - \frac{x^2}{3} = \frac{3}{4}R^2,$$

soit enfin

$$4x^2 - 6Rx + \frac{9}{4}R^2 = 0.$$

Le premier membre est le carré de $2x - \frac{3}{2}R$; il est nul si

$$2x = \frac{3}{2}R$$

ou

$$x = \frac{3}{4}R.$$

La distance OC du centre de la sphère au plan est

$$R - \frac{3}{4}R = \frac{R}{4}.$$

---

80. Énoncé. — Étant donné un hémisphère de rayon r limité par le grand cercle AB de centre O, on mène le rayon OS perpendiculaire au plan du cercle AB et on considère le cône ayant ce cercle pour base et l'extrémité S du rayon OS pour sommet. Mener un plan parallèle au plan du cercle AB de façon que l'aire de la couronne comprise entre les deux circonférences suivant lesquelles le plan coupe la sphère et le cône soit équivalente à un cercle de rayon donné a. Maximum de a. (*Aspirants, Lyon.*)

Solution. — Soient SAB la section du cône par un plan passant par sa hauteur SO, EE′ l'intersection de ce plan avec le plan sécant cherché.

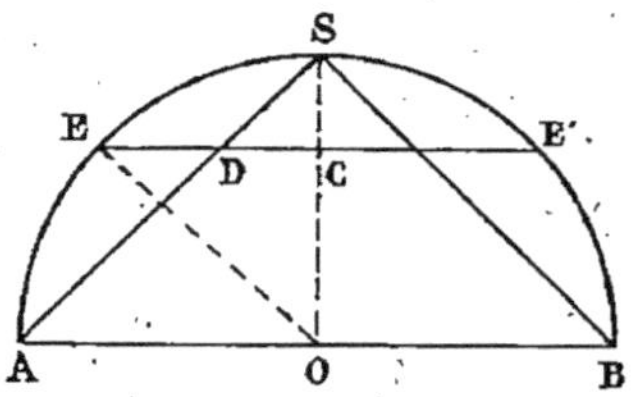

Fig. 90.

Prenons pour inconnue la distance OC du centre de la sphère au plan sécant.

La section faite dans la sphère est un cercle de rayon CE; son aire égale $\pi\overline{CE}^2$;

la section faite dans le cône est un cercle de rayon CD; son aire égale $\pi\overline{CD}^2$; la différence des aires de ces sections est

$$\pi\overline{CE}^2 - \pi\overline{CD}^2 = \pi\left(\overline{CE}^2 - \overline{CD}^2\right).$$

Le triangle rectangle COE donne

$$\overline{CE}^2 = \overline{OE}^2 - \overline{OC}^2$$
$$= R^2 - x^2.$$

Le triangle rectangle SAO étant isocèle, SCD est aussi isocèle et

$$CD = SC$$
$$= R - x.$$

On peut donc écrire l'équation

$$\pi\left[R^2 - x^2 - (R - x)^2\right] = \pi a^2,$$

ou, en effectuant et simplifiant,

$$-2x^2 + 2Rx = a^2$$

ou enfin $$2x^2 - 2Rx + a^2 = 0.$$

Si cette équation a des racines, elles sont données par la formule

$$x = \frac{R \pm \sqrt{R^2 - 2a^2}}{2}.$$

Ces racines existent si la quantité sous radical est positive ou nulle, soit

$$R^2 - 2a^2 \geqslant 0$$

ou $$(R + a\sqrt{2})(R - a\sqrt{2}) \geqslant 0,$$

ce qui exige, $R + a\sqrt{2}$ étant évidemment positif,

$$R \geqslant a\sqrt{2}.$$

Ces deux racines conviennent au problème si elles sont positives et inférieures à R.

Leur produit $\frac{a^2}{2}$ et leur somme R étant positifs, elles sont toutes deux positives.

Leur somme étant R, elles sont évidemment inférieures à R et conviennent toutes deux.

En résumé le problème est possible si l'on a

$$R \geqslant a\sqrt{2} \quad \text{ou} \quad \frac{R\sqrt{2}}{2} \geqslant a.$$

Il admet deux solutions, sauf pour la valeur

$$a = \frac{R\sqrt{2}}{2}$$

qui est le maximum de a;
dans ce cas, il n'y a qu'une solution

$$x = \frac{R}{2}.$$

---

81. Énoncé. — On donne une sphère de rayon R. Déterminer la hauteur d'une zone à une base, sachant que la surface de cette zone, augmentée de la surface de la base, est égale aux $\frac{7}{16}$ de la surface de la sphère.

Résoudre le même problème en remplaçant la fraction $\frac{7}{16}$ par un nombre donné m.

Condition pour que le problème soit possible.

(*Aspirants, Aix.*)

Solution. — 1° Soit AB l'arc de la circonférence O qui, par rotation autour du diamètre BE, engendre la zone cherchée; soit $BD = x$ la hauteur de cette zone.

Son aire est égale à $2\pi Rx$.

Le plan qui la limite coupe la sphère suivant un cercle de rayon AD et dont l'aire est $\pi \overline{AD}^2$.

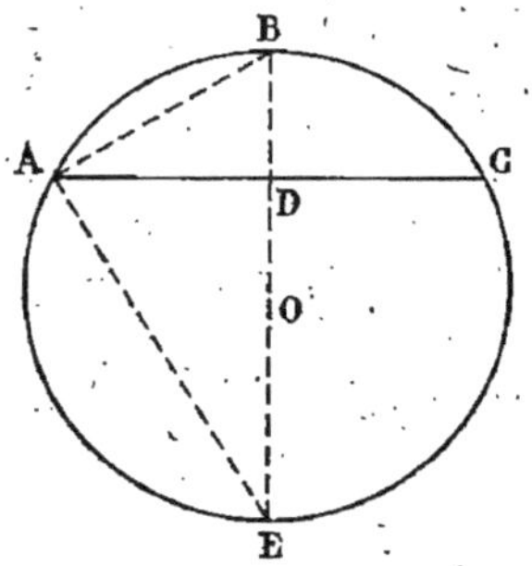

Fig. 91.

Or, si l'on mène AB et AE, on forme le triangle rectangle BAE, qui donne

$$\overline{AD}^2 = BD \times DE$$
$$= x(2R - x).$$

On a donc l'équation

$$2\pi Rx + \pi x(2R - x) = \frac{7}{16} \times 4\pi R^2,$$

puisque l'aire de la sphère est égale à $4\pi R^2$.

En simplifiant par π et en effectuant, on obtien

$$2Rx + 2Rx - x^2 = \frac{7}{4} R^2, \qquad (1)$$

soit enfin

$$x^2 - 4Rx + \frac{7}{4} R^2 = 0$$

Cette équation a deux racines données par la formule

$$x = 2R \pm \sqrt{4R^2 - \frac{7}{4} R^2}$$
$$= 2R \pm \frac{3R}{2}.$$

La plus grande est évidemment supérieure au diamètre de la circonférence et ne convient pas au problème.

La plus petite

$$x = 2R - \frac{3R}{2} = \frac{R}{2}$$

est la solution cherchée.

2° En remplaçant $\frac{7}{16}$ par m, l'équation (1) s'écrit

$$2Rx + 2Rx - x^2 = 4mR^2,$$

soit encore

$$x^2 - 4Rx + 4mR^2 = 0.$$

Si cette équation a des racines, elles sont données par la formule

$$x = 2R \pm \sqrt{4R^2 - 4mR^2}$$
$$= 2R \pm 2R\sqrt{1-m}.$$

Ces racines existent si la quantité sous radical est positive ou nulle, ce qui exige

$$1 \geqslant m.$$

La plus grande, $x = 2R + 2R\sqrt{1-m}$, est évidemment supérieure à 2R et ne convient pas au problème.

La plus petite

$$x = 2R - 2R\sqrt{1-m}$$

est la solution cherchée.

Si $m = 1, \quad x = 2R$;

la zone se confond avec la surface de la sphère.

---

82. Énoncé. — Étant donnée une demi-circonférence de diamètre $AB = 2R$, on demande de déterminer sur cette courbe un point D tel que les aires engendrées par l'arc DA et par la corde DB tournant autour de AB soient équivalentes.

On prendra pour inconnue la distance AC, projection de l'arc AD sur AB. On calculera cette distance à moins de 1^{mm} près en supposant $R = 1$ mètre.

On donnera ensuite une construction du point C en supposant que R est donné graphiquement et non numériquement. (*Aspirants, Lille.*)

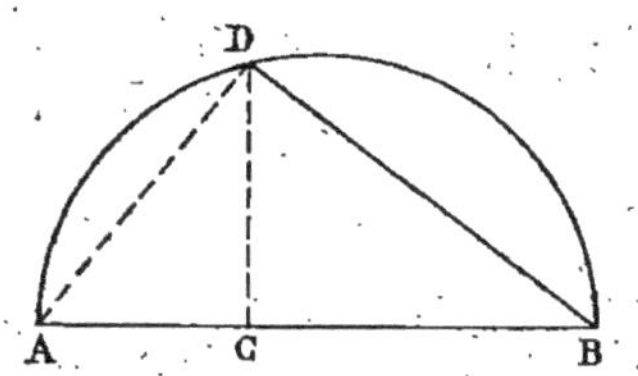

Fig. 92.

Solution. — 1° Soit $AC = x$ la longueur cherchée. En tournant autour de AB, l'arc AD engendre une zone de hauteur AC et dont l'aire est égale à $2\pi Rx$.

La droite DB engendre la surface latérale d'un cône ayant pour rayon de base CD, et dont l'aire est égale à

$$\pi CD \times DB.$$

Or, si l'on mène AD, on forme le triangle rectangle ADB qui donne :

$$\overline{CD}^2 = AC \times CB$$

ou

$$CD = \sqrt{x(2R - x)},$$

et

$$\overline{DB}^2 = AB \times CB$$

ou

$$DB = \sqrt{2R(2R - x)}.$$

L'aire latérale du cône est donc égale à

$$\pi\sqrt{x(2R - x)} \cdot \sqrt{2R(2R - x)} = \pi\sqrt{2Rx(2R - x)^2}$$
$$= \pi(2R - x)\sqrt{2Rx}.$$

On peut écrire l'équation

$$2\pi Rx = \pi(2R - x)\sqrt{2Rx},$$

qui devient, si l'on divise les deux membres par l'expression $\pi\sqrt{2Rx}$ évidemment différente de zéro,

$$\sqrt{2Rx} = 2R - x. \qquad (1)$$

En élevant les deux membres au carré, on a

$$2Rx = 4R^2 - 4Rx + x^2,$$

soit enfin

$$x^2 - 6Rx + 4R^2 = 0. \qquad (2)$$

Les racines de cette équation sont

$$x = 3R \pm \sqrt{9R^2 - 4R^2}$$
$$= 3R \pm R\sqrt{5}.$$

La plus grande racine

$$x = 3R + R\sqrt{5}$$

convient à l'équation (2), mais non à l'équation moins générale (1); avec cette valeur, les deux membres de (1) ont des signes différents.

D'ailleurs, géométriquement, une valeur de x n'est acceptable que si elle est inférieure à 2R, ce qui conduit au même résultat.

La plus petite racine

$$x = 3R - R\sqrt{5}$$
$$= R(3 - \sqrt{5})$$

est la solution cherchée.

2° Si $R = 1^m$, on trouve

$$x = 3 - \sqrt{5}$$
$$= 0^m,764 \text{ à } 1^{mm} \text{ près par excès.}$$

3° *Première construction géométrique.* — On peut construire les deux racines de l'équation (2) puisqu'on connaît leur somme 6R et leur produit $4R^2$.

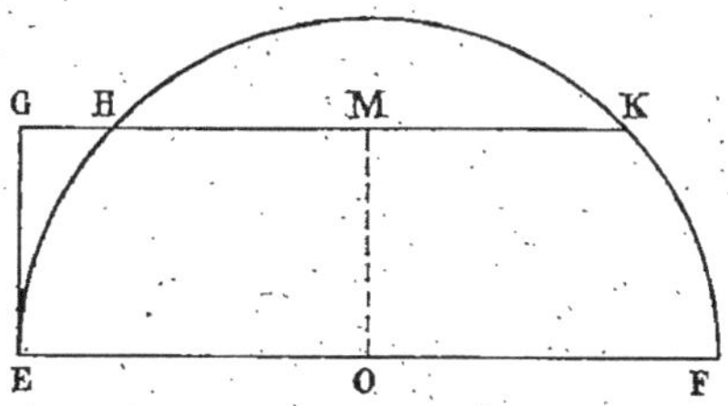

Fig. 93.

Il suffit de décrire une demi-circonférence sur la droite $EF = 6R$ comme diamètre, et de lui mener la tangente $EG = 2R$. En tirant GHK parallèle à EF qui coupe la demi-circonférence en H et K, on obtient les deux droites cherchées GH et GK.

En effet on a, en menant OM perpendiculaire à la corde HK,

$$GH = GM - HM = EO - HM$$
$$GK = GM + MK = EO + HM$$

et par suite

$$GH + GK = 2EO$$
$$= 6R.$$

D'autre part

$$GH \times GK = \overline{GE}^2 = 4R^2.$$

La plus petite longueur GH est la solution du problème.

Deuxième construction géométrique. — Pour construire la formule

$$x = 3R - R\sqrt{5},$$

on peut former un triangle rectangle ABC dont les côtés de l'angle droit valent respectivement R et 2R.

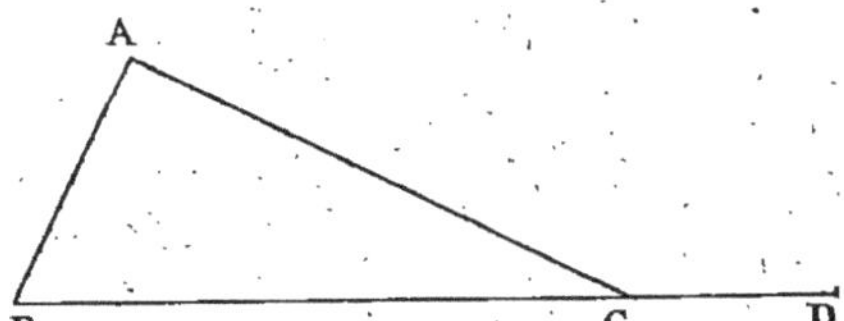

Fig. 94.

L'hypoténuse BC est telle que

$$\overline{BC}^2 = R^2 + 4R^2 = 5R^2;$$

ou

$$BC = R\sqrt{5}.$$

Si, à partir de B, on porte, de B vers C, une longueur $BD = 3R$, on a

$$CD = BD - BC$$
$$= 3R - R\sqrt{5}.$$

C'est la droite cherchée.

---

83. Énoncé. — Calculer les rayons des bases et la hauteur d'un tronc de cône sachant que les rayons des bases sont dans le rapport de 4 à 3, que l'apothème est égal à la somme des rayons des bases et que la surface totale est équivalente à celle d'une sphère de 6 centimètres de rayon.

(*Aspirants, Montpellier.*)

Solution. — 1° Soient x et y centimètres les longueurs des rayons des bases, le plus grand ayant x centimètres.

On a par hypothèse

$$\frac{x}{y} = \frac{4}{3}. \qquad (1)$$

Les bases mesurent respectivement

πx^2 et πy^2 centimètres carrés.

L'apothème étant égal à $x + y$, l'aire latérale mesure

$\pi(x+y)(x+y)$ ou $\pi(x+y)^2$ centimètres carrés.

Or la surface totale est égale à celle d'une sphère de 6^{cm} de rayon, soit à

$4 \times \pi \times 6^2 = \pi \times 144$ centimètres carrés.

On a donc l'équation

$$\pi x^2 + \pi y^2 + \pi(x+y)^2 = \pi \times 144,$$

ou, en divisant les 2 membres par 2π,

$$x^2 + y^2 + xy = 72. \qquad (2)$$

De l'équation (1) on tire

$$y = \frac{3x}{4}.$$

Cette valeur étant substituée dans (2), on obtient

$$x^2 + \frac{9x^2}{16} + \frac{3x^2}{4} = 72.$$

soit $\qquad\qquad 37x^2 = 72 \times 16 = 1152$

et, par conséquent,

$$x = \sqrt{\frac{1152}{37}} = 5^{cm},58 \text{ à } \frac{1}{1000} \text{ près par excès.}$$

On a alors

$$y = \frac{5}{4}\sqrt{\frac{1152}{37}} = 4^{cm},185 \text{ à } \frac{1}{1000} \text{ près par excès.}$$

2° La hauteur h est un côté de l'angle droit d'un triangle rectangle ayant pour hypoténuse l'apothème, et pour autre côté de l'angle droit la différence des rayons des bases. On a donc

$$h^2 = (x+y)^2 - (x-y)^2$$
$$= x^2 + y^2 + 2xy - x^2 - y^2 + 2xy = 4xy,$$

soit, en remplaçant x et y par leurs valeurs,

$$h^2 = 4\sqrt{\frac{1152}{37}} \times \frac{5}{4}\sqrt{\frac{1152}{37}}$$

$$= 5 \times \frac{1152}{37},$$

et par suite

$$h = \sqrt{5 \times \frac{1152}{37}} = 9^{cm},66 \text{ à } \frac{5}{1000} \text{ près par défaut.}$$

---

84. ÉNONCÉ. — Par un point A pris en dehors d'une circonférence O, on mène à cette circonférence une tangente AB terminée au point de contact B. On demande quelle doit être la distance AO pour que, en faisant tourner la figure autour de cette droite, l'aire de la surface engendrée par AB soit la moitié de la surface engendrée par la circonférence O.

(Aspirants, Lyon.)

SOLUTION. — Soient x la longueur OA, R le rayon du cercle. En tournant autour de AO, AB engendre la surface latérale d'un cône ayant pour apothème AB, pour rayon de base BC, BC étant la perpendiculaire abaissée de B sur OA.

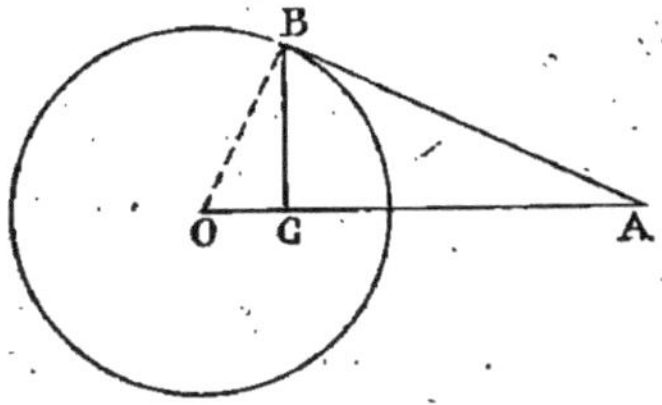

Fig. 95.

Cette surface a pour mesure

$$\pi \times BC \times AB.$$

Or le triangle AOB est rectangle et donne :

d'une part

$$\overline{AB}^2 = \overline{OA}^2 - \overline{OB}^2$$
$$= x^2 - R^2,$$

soit $$AB = \sqrt{x^2 - R^2};$$

d'autre part $$BC \times OA = AB \times OB$$

ou $$BC = \frac{AB \times OB}{OA}$$
$$= \frac{R\sqrt{x^2 - R^2}}{x}.$$

La surface latérale du cône est donc égale à

$$\frac{\pi R \sqrt{x^2 - R^2}}{x} \times \sqrt{x^2 - R^2} = \frac{\pi R (x^2 - R^2)}{x}.$$

La circonférence tournant autour de OA engendre une surface sphérique de rayon R, et dont l'aire est égale à $4\pi R^2$.

On a donc l'équation

$$\frac{\pi R (x^2 - R^2)}{x} = \frac{4\pi R^2}{2}$$

soit en divisant les 2 membres par l'expression πR, évidemment différente de zéro,

$$\frac{x^2 - R^2}{x} = 2R$$

ou enfin

$$x^2 - 2Rx - R^2 = 0.$$

Les termes extrêmes de cette équation sont de signes contraires; elle a donc deux racines de signes contraires; seule la racine positive convient au problème, soit

$$x = R + \sqrt{R^2 + R^2}$$
$$= R\left(1 + \sqrt{2}\right).$$

85. Énoncé. — Deux cercles dont les rayons sont a et b sont tangents extérieurement. Ces cercles se touchent au point C. Une tangente commune à ces deux cercles touche le premier au point A et le deuxième au point B.

1° Calculer le volume engendré par la rotation du triangle ABC autour de la ligne des centres OO′ ;

2° Quelle est l'aire du triangle ABC?

3° Application numérique : $a=\sqrt{5},\ b=\sqrt{3}$.

(Aspirants, Chambéry.)

Solution. — 1° Le volume engendré par le triangle ABC en tournant autour de OO′ est égal au produit du tiers de la hauteur CH par l'aire de la surface latérale du tronc de cône qu'engendre la droite AB.

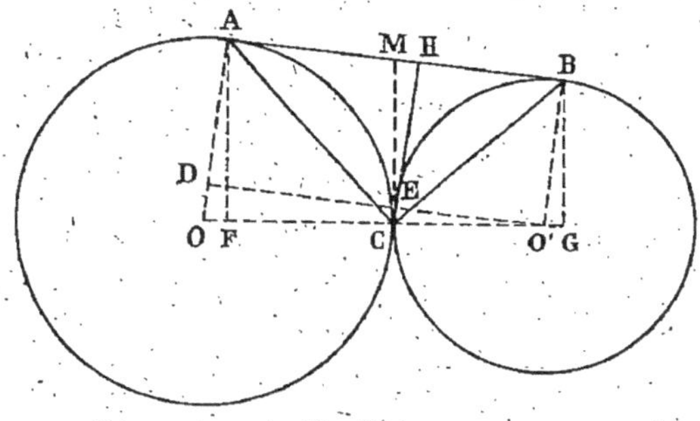

Fig. 96.

Menons OA, O′B et la parallèle O′D à AB qui rencontre CH en E; nous avons : d'une part

$$HE = O'B = b,$$

d'autre part
$$\frac{CE}{OD}=\frac{O'C}{OO'}$$

ou
$$\frac{CE}{a-b}=\frac{b}{a+b}.$$

Nous en tirons
$$CE=\frac{ab-b^2}{a+b}$$

et par suite
$$CH=\frac{ab-b^2}{a+b}+b$$
$$=\frac{2ab}{a+b}$$

Menons AF et BG perpendiculaires à OO'; AB engendre la surface latérale d'un tronc de cône ayant pour rayons des bases AF et BG ; son aire est égale à

$$\pi\,(AF + BG)\,AB.$$

Soit CM la tangente commune intérieure aux deux circonférences :

$$MA = MC \quad \text{et} \quad MB = MC$$

comme tangentes à une même circonférence issues d'un même point.

Donc M est le milieu de AB, et puisque CM, perpendiculaire à OO', est parallèle aux bases du trapèze ABGF, on a

$$\begin{aligned} AF + BG &= 2MC \\ &= MA + MB = AB. \end{aligned}$$

L'aire latérale du tronc de cône est donc égale à $\pi\,\overline{AB}^2$.

Or dans le triangle rectangle ODO' on a

$$\overline{O'D}^2 = \overline{OO'}^2 - \overline{OD}^2,$$

soit encore

$$\begin{aligned} \overline{AB}^2 &= (a+b)^2 - (a-b)^2 \\ &= 4ab. \end{aligned}$$

L'aire latérale du tronc de cône est égale à $4\pi ab$, et par suite le volume engendré par le triangle CAB est égal à

$$\frac{2ab}{3(a+b)} \times 4\pi ab = \frac{8\pi a^2 b^2}{3(a+b)}.$$

2° L'aire du triangle ACB est égale à

$$\begin{aligned} \frac{1}{2}AB \times CH &= \frac{1}{2} \times 2\sqrt{ab} \times \frac{2ab}{a+b} \\ &= \frac{2ab\sqrt{ab}}{a+b}. \end{aligned}$$

3° Si $a = \sqrt{5}$ et $b = \sqrt{3}$, on trouve :

$$\begin{aligned} \text{vol. ABC} &= \frac{8\pi \times 5 \times 3}{3(\sqrt{5}+\sqrt{3})} \\ &= \frac{40 \times \pi(\sqrt{5}-\sqrt{3})}{(\sqrt{5}+\sqrt{3})(\sqrt{5}-\sqrt{3})} \\ &= 20 \times \pi(\sqrt{5}-\sqrt{3}) = 1{,}428 \text{ à } \frac{1}{1000} \text{ près,} \end{aligned}$$

soit $1^{dm^3},428$ si le dm est l'unité de longueur;

$$\text{aire ABC} = \frac{2\sqrt{5}\sqrt{3}\sqrt{\sqrt{5}\sqrt{3}}}{\sqrt{5}+\sqrt{3}}$$

$$= \frac{2\sqrt{15\sqrt{15}}\,(\sqrt{5}-\sqrt{3})}{(\sqrt{5}+\sqrt{3})(\sqrt{5}-\sqrt{3})}$$

$$= \sqrt{15\sqrt{15}}\,(\sqrt{5}-\sqrt{3}) = 7{,}622 \text{ à } \frac{1}{1000} \text{ près.}$$

---

86. Énoncé. — Les côtés d'un rectangle ABCD ont pour longueurs a et b. Calculer le volume engendré par la révolution de ce rectangle autour d'un axe passant par le sommet A et mené perpendiculairement à la diagonale.

(Aspirants, Lille.)

Solution. — Le volume engendré par le rectangle ABCD est la somme des volumes engendrés par les triangles rectangles ABC et ACD.

Or

$$\text{vol. ABC} = \frac{1}{3}\,\text{AB} \times \text{surf. BC}$$

et

$$\text{vol. ACD} = \frac{1}{3}\,\text{AD} \times \text{surf. CD}.$$

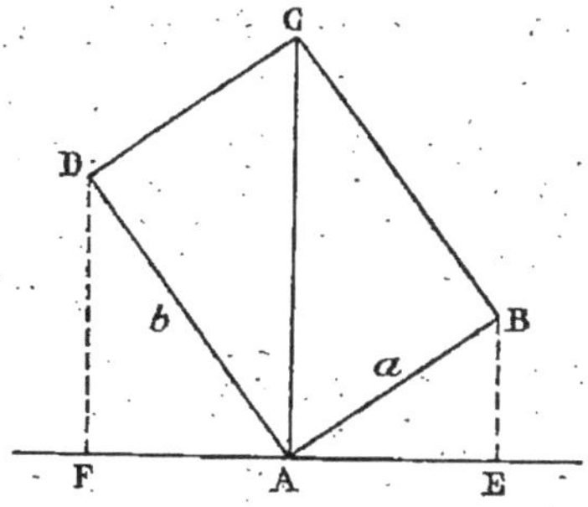

Fig. 97.

BC et CD engendrent les surfaces latérales de deux troncs de cônes ayant respectivement pour rayons de bases AC et BE, AC et DF, BE et DF étant les perpendiculaires abaissées de B et D sur l'axe.

On a donc :

$$\text{surf. BC} = \pi\,(\text{AC} + \text{BE})\,\text{BC}$$

et

$$\text{surf. CD} = \pi\,(\text{AC} + \text{DF})\,\text{DC}.$$

Les triangles rectangles BAE et BAC sont semblables puisque les angles alternes-internes CAB et ABE sont égaux ; par suite

$$\frac{\text{BE}}{\text{BA}} = \frac{\text{BA}}{\text{AC}}$$

ou, en remarquant que dans le triangle rectangle BAC, on a

$$\overline{AC}^2 = \overline{AB}^2 + \overline{BC}^2 = a^2 + b^2,$$

on peut écrire

$$\frac{BE}{a} = \frac{a}{\sqrt{a^2 + b^2}},$$

soit

$$BE = \frac{a^2}{\sqrt{a^2 + b^2}}.$$

Les triangles DFA et ACD donnent de même

$$DF = \frac{b^2}{\sqrt{a^2 + b^2}}.$$

On a donc

$$\text{surf. } BC = \pi \left(\sqrt{a^2 + b^2} + \frac{a^2}{\sqrt{a^2 + b^2}}\right) b$$

$$= \frac{\pi (a^2 + b^2 + a^2) b}{\sqrt{a^2 + b^2}} = \frac{\pi b (2a^2 + b^2)}{\sqrt{a^2 + b^2}},$$

et

$$\text{surf. } CD = \pi \left(\sqrt{a^2 + b^2} + \frac{b^2}{\sqrt{a^2 + b^2}}\right) a$$

$$= \frac{\pi (a^2 + b^2 + b^2) a}{\sqrt{a^2 + b^2}} = \frac{\pi a (a^2 + 2b^2)}{\sqrt{a^2 + b^2}}.$$

Par conséquent :

$$\text{vol. } ABC = \frac{1}{3} a \times \frac{\pi b (2a^2 + b^2)}{\sqrt{a^2 + b^2}}$$

et

$$\text{vol. } ACD = \frac{1}{3} b \times \frac{\pi a (a^2 + 2b^2)}{\sqrt{a^2 + b^2}};$$

on en déduit

$$\text{vol. } ABCD = \frac{\pi ab}{3\sqrt{a^2 + b^2}} (2a^2 + b^2 + a^2 + 2b^2)$$

$$= \frac{\pi ab (a^2 + b^2)}{\sqrt{a^2 + b^2}} = \pi ab \sqrt{a^2 + b^2}.$$

---

87. Énoncé. — Étant donné un demi-cercle de diamètre $AB = 2R$, on prolonge le rayon OB d'une longueur BC égale à ce rayon ; puis l'on mène par C une tangente CM au demi-cercle.

1° Évaluer la longueur de la portion CM de cette tangente comprise entre le point C et le point de contact M.

2° Calculer le rapport des surfaces engendrées par l'arc ADM et le segment de tangente CM tournant autour de l'axe AC.

3° Calculer le volume engendré par l'aire CMDAC tournant autour de l'axe AC; évaluer ce volume en décimètres cubes dans le cas où $R = 2$ mètres. (*Aspirants, Rennes.*)

Solution. — 1° La tangente CM est moyenne proportionnelle entre la sécante entière CA et sa partie extérieure CB; donc

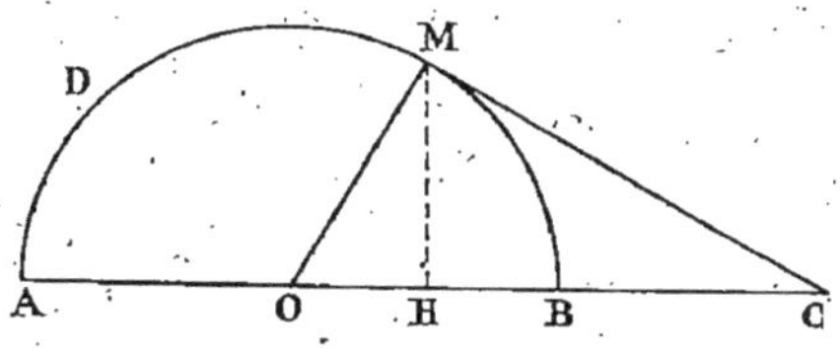

Fig. 98.

$$\overline{CM}^2 = CA \times CB.$$

Or

$$CA = 3R \text{ et } CB = R.$$

Par suite

$$\overline{CM}^2 = 3R \times R = 3R^2$$

et

$$CM = R\sqrt{3}.$$

2° En tournant autour de AC, l'arc ADM engendre une zone dont la hauteur est AH, H étant le pied de la perpendiculaire abaissée de M sur AB.

L'aire de cette zone est égale à

$$2\pi R \times AH.$$

Or dans le triangle rectangle MOC, le côté $OM = R$ étant la moitié de l'hypoténuse $OC = 2R$, l'angle MOC vaut 60°; donc dans le triangle rectangle MOH,

$$OH = \frac{OM}{2} = \frac{R}{2},$$

et par suite

$$AH = AO + OH = R + \frac{R}{2} = \frac{3R}{2}.$$

L'aire de la zone est donc égale à

$$2\pi R \times \frac{3R}{2} = 3\pi R^2.$$

En tournant autour de AC, le segment CM engendre la surface latérale d'un cône de rayon MH. L'aire de cette surface égale

$$\pi \times MH \times MC.$$

Le triangle rectangle MOH donne

$$MH = \sqrt{\overline{OM}^2 - \overline{OH}^2}$$

$$= \sqrt{R^2 - \frac{R^2}{4}} = \frac{R\sqrt{3}}{2}.$$

L'aire latérale du cône est donc égale à

$$\pi \times \frac{R\sqrt{3}}{2} \times R\sqrt{3} = \frac{3\pi R^2}{2}.$$

Le rapport cherché vaut

$$\frac{3\pi R^2}{\frac{3\pi R^2}{2}} = 2.$$

3° Le volume engendré par CMDAC peut être considéré comme formé du secteur sphérique engendré par le secteur circulaire AOMD et du volume engendré par le triangle OMC.

Le volume du secteur sphérique est égal à

$$\frac{2}{3}\pi R^2 \times AH = \frac{2}{3}\pi R^2 \times \frac{3R}{2} = \pi R^3,$$

et celui qu'engendre le triangle OMC étant égal au produit de la surface qu'engendre MC par le tiers de la hauteur OM, mesure

$$\frac{3\pi R^2}{2} \times \frac{R}{3} = \frac{\pi R^3}{2}.$$

Le volume cherché est donc égal à

$$\pi R^3 + \frac{\pi R^3}{2} = \frac{3\pi R^3}{2}.$$

Si $R = 20^{dm}$, ce volume mesure

$$\frac{3 \times \pi \times 20^3}{2} = 12\,000 \times \pi$$

$$= 37\,699^{dm^3} \text{ à } \frac{1}{2}{}^{dm^3} \text{ près par défaut.}$$

88. Énoncé. — Dans un cône creux, dont l'axe est vertical et fait un angle de 30° avec la génératrice, on introduit une boule de 2cm de rayon. Calculer :

1° le rayon de la circonférence de contact de la boule et du cône ;

2° la surface de la zone qui serait visible du sommet du cône ;

3° le volume compris entre cette zone et la surface du cône ;

4° le rayon d'une autre boule qui serait comprise dans le volume précédent et tangente à la surface du cône et à la première boule.

(*Aspirants, Grenoble.*)

Solution. — 1° Soient ASB la section du cône par un plan qui passe par SO, et AB l'intersection de ce plan et du cercle de contact de la boule et du cône.

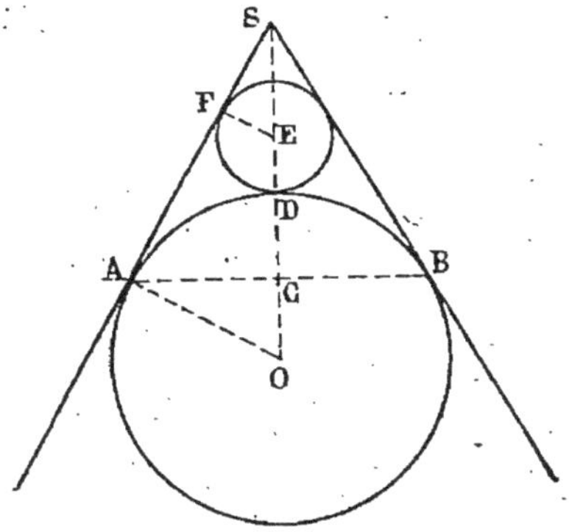

Fig. 99.

Dans le triangle rectangle CAO, l'angle CAO = 30° puisqu'il est égal à l'angle ASO; donc le côté OC est la moitié de l'hypoténuse AO, ou

$$OC = \frac{R}{2}.$$

Ce triangle donne

$$\overline{AC}^2 = \overline{AO}^2 - \overline{OC}^2$$

$$= R^2 - \frac{R^2}{4} = \frac{3R^2}{4};$$

donc

$$AC = \frac{R\sqrt{3}}{2},$$

soit, si $R = 2^{cm}$,

$$AC = \sqrt{3} = 1^{cm},732 \text{ à } \frac{1}{10000} \text{ près par défaut.}$$

2° La surface de la zone ADB qui serait visible du sommet S est égale à

$$2\pi R \times CD.$$

Or $$CD = OD - OC$$
$$= R - \frac{R}{2} = \frac{R}{2}.$$

Donc $$\text{aire ADB} = 2\pi R \times \frac{R}{2} = \pi R^2,$$

soit, pour $R = 2^{cm}$,

$$\text{aire ADB} = \pi \times 4 = 12^{cm^2},57 \text{ à } \frac{1}{2}{}^{mm^2} \text{ près par excès.}$$

3° Le volume compris entre la surface du cône et la zone est la différence entre les volumes engendrés par le triangle SAO et le secteur circulaire AOD en tournant autour de SO.

Le triangle SAO engendre deux cônes ayant pour rayon de base AC, et pour hauteurs respectives SC et CO ; on a donc

$$\text{vol. SAO} = \frac{1}{3}\pi \overline{AC}^2 \cdot SC + \frac{1}{3}\pi \overline{AC}^2 \cdot CO$$
$$= \frac{1}{3}\pi \overline{AC}^2 \times SO.$$

Or, dans le triangle rectangle SAO, l'angle ASO valant 30°,

$$SO = 2AO = 2R.$$

Donc

$$\text{vol SAO} = \frac{1}{3}\pi \times \frac{3R^2}{4} \times 2R = \frac{\pi R^3}{2}.$$

Le volume du secteur sphérique engendré par AOD égale

$$\frac{2}{3}\pi R^2 \times CD = \frac{2}{3}\pi R^2 \times \frac{R}{2} = \frac{\pi R^3}{3}.$$

Par conséquent, le volume cherché est égal à

$$\frac{\pi R^3}{2} - \frac{\pi R^3}{3} = \frac{\pi R^3}{6},$$

soit, pour $R = 2^{cm}$,

$$\frac{\pi \times 8}{6} = 4^{cm^3},188 \text{ à } 1^{mm^3} \text{ près par défaut.}$$

4° Soient E le centre d'une autre boule comprise entre la surface du cône et la première boule, x son rayon.

Dans le triangle rectangle SEF, on a

$$EF = \frac{SE}{2}.$$

Or $$SE = SD - ED$$
$$= R - x.$$

Donc $$x = \frac{R}{2} - \frac{x}{2}$$

ou $$\frac{5x}{2} = \frac{R}{2}.$$

On en déduit
$$x = \frac{R}{5}$$

soit, pour $R = 2^{cm}$,
$$x = \frac{2^{cm}}{5} = 0^{cm},67 \text{ à } \frac{1}{200} \text{ près par excès.}$$

---

89. Énoncé. — Étant donné un cercle de diamètre $AB = 2r$, on propose de mener une tangente CD telle que le volume engendré par le trapèze ABCD tournant autour de AB soit égal à m fois le volume de la sphère de rayon r.

Le problème est-il toujours possible, quelle que soit la valeur donnée à m? *(Aspirants, Aix.)*

Solution. — Le trapèze ABCD formé par les tangentes AC, BD et CD engendre, en tournant autour de AB, un tronc de cône dont le volume est égal à

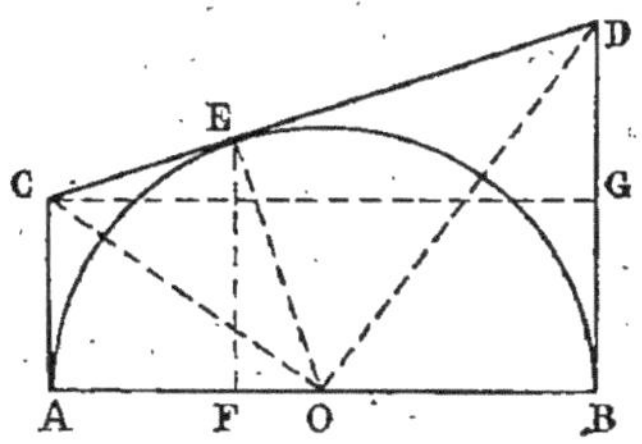

Fig. 100.

$$\frac{1}{3}\pi AB\left(\overline{AC}^2 + \overline{BD}^2 + AC \cdot BD\right).$$

Or, CD étant tangente en E, on a
$$AC = CE$$
$$BD = DE$$

et par suite
$$AC + BD = CE + DE = CD.$$

On en déduit
$$\overline{AC}^2 + \overline{BD}^2 + 2\,AC \cdot BD = \overline{CD}^2$$

ou $$\overline{AC}^2 + \overline{BD}^2 + AC \cdot BD = \overline{CD}^2 - AC \cdot BD.$$

Menant EF perpendiculaire à AB, et CG parallèle à AB, on forme les deux triangles rectangles OEF et DCG qui ont leurs angles égaux chacun à chacun

Donc
$$\frac{CD}{OE}=\frac{CG}{EF}.$$

Si l'on pose $OF=x$, on a, dans le triangle rectangle OEF,
$$EF=\sqrt{r^2-x^2}.$$

Par conséquent :
$$\frac{CD}{r}=\frac{2r}{\sqrt{r^2-x^2}}$$

ou
$$CD=\frac{2r^2}{\sqrt{r^2-x^2}}.$$

D'autre part
$$AC.BD=CE.ED.$$

Or le triangle COD est rectangle puisque CO et OD sont bissectrices de deux angles adjacents supplémentaires, et OE est hauteur.

Donc
$$CE.ED=\overline{OE}^2$$

ou
$$AC.BD=r^2.$$

Le volume du tronc de cône est égal à
$$\frac{1}{3}\pi\times 2r\left(\frac{4r^4}{r^2-x^2}-r^2\right)=\frac{2}{3}\pi r\times\frac{3r^4+r^2x^2}{r^2-x^2}$$
$$=\frac{2\pi r^3(3r^2+x^2)}{3(r^2-x^2)}.$$

Le volume de la sphère de rayon r étant égal à $\frac{4}{3}\pi r^3$, on peut écrire l'équation
$$\frac{2\pi r^3(3r^2+x^2)}{3(r^2-x^2)}=m\times\frac{4}{3}\pi r^3$$

qui devient, si l'on divise les 2 membres par $\frac{2}{3}\pi r^3$,
$$\frac{3r^2+x^2}{r^2-x^2}=2m$$

On en déduit
$$3r^2+x^2=2mr^2-2mx^2$$

ou encore
$$x^2(2m+1)=r^2(2m-3).$$

Si cette équation a des racines, elles sont données par la formule

$$x = \pm r\sqrt{\frac{2m-5}{2m+1}}.$$

Pour que ces racines existent, il faut que la quantité sous radical soit positive ou nulle, ce qui exige

$$m \geqslant \frac{5}{2}.$$

Si $m = \frac{5}{2}$, on a $x = 0$; le trapèze ne peut pas être formé.

Si $m > \frac{5}{2}$, on a pour x deux valeurs opposées inférieures à r, car la quantité sous radical est évidemment inférieure à 1.

Elles donnent 2 tangentes symétriques par rapport au rayon perpendiculaire à AB.

---

90. Énoncé. — On donne deux circonférences O et O′ tangentes extérieurement en D, la tangente commune extérieure AB et la tangente commune intérieure CD, les rayons a et b.

1° Démontrer que C est le milieu de AB.

2° Évaluer l'aire du quadrilatère OO′AB et en déduire celle du triangle OCO′.

3° Trouver la relation entre a et b pour que la somme des volumes engendrés par les triangles OAB et O′AB tournant respectivement autour de OA et de O′B soit égale au quart du volume de la sphère de rayon $(a+b)$.

(On vérifiera cette troisième partie en utilisant la relation obtenue).

(*Aspirants, Caen.*)

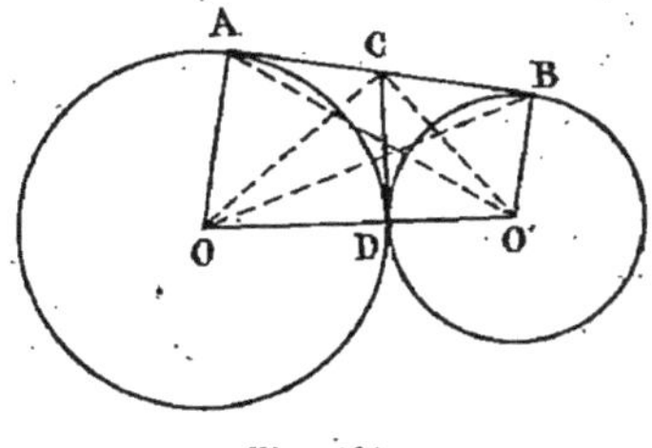

Fig. 101.

Solution. — 1° Les tangentes à une circonférence issues d'un même point sont égales;

donc CA = CD

et $CB = CD$,

et par suite $CA = CB$.

2° Le quadrilatère OABO′ est un trapèze dont l'aire est égale à

$$\frac{OA + O'B}{2} \times AB.$$

Or le triangle OCO′ est rectangle parce que CO et CO′ étant bissectrices de deux angles adjacents supplémentaires sont perpendiculaires.

Donc $\overline{CD}^2 = OD \times O'D$

$$= ab$$

et, puisque $AB = 2CD$,

$$\overline{AB}^2 = 4ab$$

ou $AB = 2\sqrt{ab}$.

L'aire du trapèze est égale à

$$\frac{a+b}{2} \times 2\sqrt{ab} = (a+b)\sqrt{ab}.$$

Les triangles CDO et CDO′ sont respectivement égaux aux triangles CAO et CO′B;

par suite, le triangle COO′ est la moitié du trapèze ABO′O; son aire est donc égale à

$$\frac{a+b}{2}\sqrt{ab}.$$

3° En tournant autour de OA, le triangle rectangle OAB engendre un cône dont la hauteur est OA et le rayon de base AB; son volume est égal à

$$\frac{1}{3}\pi\,\overline{AB}^2 \times OA = \frac{1}{3}\pi \times 4ab \times a$$

$$= \frac{4}{3}\pi a^2 b.$$

De même en tournant autour de O′B, le triangle rectangle O′AB engendre un cône dont le volume est égal à

$$\frac{1}{3}\pi\,\overline{AB}^2 \times O'B = \frac{1}{3}\pi \times 4ab \times b$$

$$= \frac{4}{3}\pi ab^2.$$

La somme de ces deux volumes est

$$\frac{4}{3}\pi a^2 b + \frac{4}{3}\pi ab^2 = \frac{4}{3}\pi ab(a+b).$$

Si cette somme est égale au quart du volume de la sphère de rayon $a+b$, on a

$$\frac{4}{3}\pi ab(a+b) = \frac{1}{3}\pi(a+b)^3,$$

ou, en divisant les deux membres par l'expression $\frac{1}{3}\pi(a+b)$ qui est évidemment différente de zéro,

$$4ab = (a+b)^2.$$

Cette égalité peut s'écrire

$$4ab = a^2 + b^2 + 2ab,$$

d'où l'on tire

$$(a-b)^2 = 0.$$

La relation cherchée est donc

$$a = b.$$

4° *Vérification.* — Si les rayons des deux circonférences sont égaux, la somme des volumes des deux cônes est

$$\frac{4}{3}\pi a^2 \times 2a = \frac{8\pi a^3}{3},$$

La sphère de rayon $a+b=2a$ a pour volume

$$\frac{4}{3}\pi(2a)^3 = \frac{32\pi a^3}{3},$$

soit 4 fois la somme des volumes des deux cônes.

---

91. Énoncé. — Soit un cercle O de rayon r et une corde AB; on circonscrit au cercle le triangle SCD formé par les tangentes en A et B et la tangente CD parallèle à AB.

Déterminer la distance $OI = x$ du centre à la corde AB de manière que, la figure tournant autour de SO, le cône engendré par le triangle SCH ait un volume double de celui de la sphère engendrée par le cercle O. (*Aspirants, Lyon.*)

Solution. — Le volume du cône engendré par le triangle rectangle SCH est égal à

$$\frac{1}{3}\pi\,\overline{CH}^2 \times SH.$$

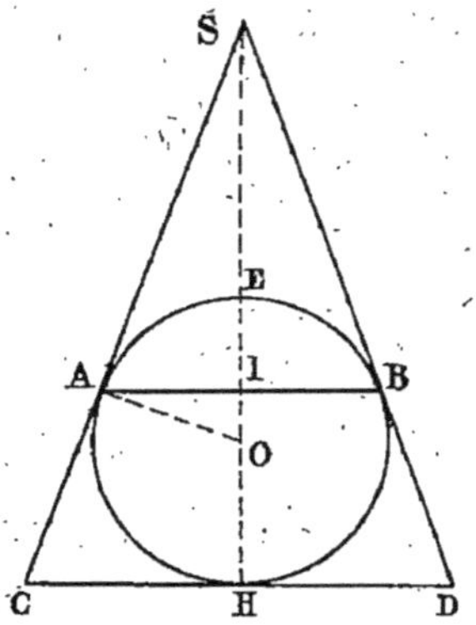

Fig. 102.

Or, les triangles rectangles SAO et SCH ayant un angle aigu commun sont semblables et

$$\frac{CH}{OA} = \frac{SH}{SA}.$$

Donc

$$CH = r \times \frac{SH}{SA}$$

ou

$$\overline{CH}^2 = r^2 \times \frac{\overline{SH}^2}{\overline{SA}^2}.$$

En appelant E le deuxième point de rencontre de SH avec le cercle, on a

$$\overline{SA}^2 = SH \times SE.$$

On peut donc écrire

$$\overline{CH}^2 = r^2 \times \frac{\overline{SH}^2}{SH \times SE}$$

$$= r^2 \times \frac{SH}{SE} = r^2 \times \frac{SO + r}{SO - r}.$$

Dans le triangle rectangle SAO, on a

$$\overline{AO}^2 = SO \times OI \quad \text{ou} \quad r^2 = SO \times x.$$

On en tire

$$SO = \frac{r^2}{x}$$

et par conséquent

$$\overline{CH}^2 = r^2 \times \frac{\frac{r^2}{x} + r}{\frac{r^2}{x} - r}$$

$$= r^2 \times \frac{r(r + x)}{r(r - x)} = r^2 \times \frac{r + x}{r - x}.$$

Le volume du cône est donc égal à

$$\frac{1}{3}\pi r^2 \times \frac{r+x}{r-x}\left(\frac{r^2}{x}+r\right)=\frac{1}{3}\pi r^2 \times \frac{r+x}{r-x} \times \frac{r(r+x)}{x}$$

$$=\frac{1}{3}\pi r^3 \frac{(r+x)^2}{(r-x)x}.$$

Puisqu'il est le double de celui de la sphère de rayon r, on a l'équation

$$\frac{1}{3}\pi r^3 \frac{(r+x)^2}{(r-x)x}=\frac{8}{3}\pi r^3,$$

que l'on peut simplifier en divisant les deux membres par l'expression $\frac{1}{3}\pi r^3$, évidemment différente de zéro ; il vient

$$\frac{(r+x)^2}{(r-x)x}=8$$

ou $$r^2+2rx+x^2=8x(r-x),$$

ce qui donne, en développant et ordonnant,

$$9x^2-6rx+r^2=0.$$

Le premier membre de cette équation est le carré de $3x-r$; il est nul si

$$3x=r \quad \text{ou} \quad x=\frac{r}{3}.$$

Il faut donc avoir $OI=\frac{r}{3}$.

---

92. Énoncé. — Trouver, sur une demi-circonférence de diamètre $AB=2R$, un point C tel que, si on mène une tangente CD à cette demi-circonférence, elle coupe le diamètre AB en un point D tel que $AC=CD$.

Le point C étant déterminé, évaluer :

1° le volume engendré par le segment de cercle AMC tournant autour de AB ;

2° le volume engendré par le triangle mixtiligne BCD tournant autour du même diamètre. (*Aspirants, Aix.*)

Solution. — 1° Soit C le point cherché ; on a par hypothèse

$$AC=CD.$$

Il en résulte évidemment que le point C ne peut pas se trouver sur le quadrant AE.

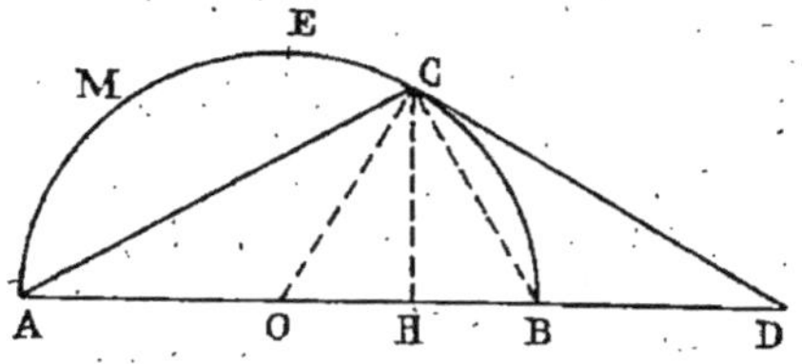

Fig. 103.

Le triangle CAD étant isocèle,

$$\widehat{CAD} = \widehat{CDA}.$$

Or

$$\widehat{CAD} = \widehat{BCD}$$

comme ayant même mesure que la moitié de l'arc BC.

Donc $$\widehat{CDA} = \widehat{BCD}.$$

L'angle CBA extérieur au triangle isocèle CBD est le double de chacun des angles BCD et CDA; il est donc aussi le double de $\widehat{CAB}$.

Le triangle ACB étant rectangle

$$\widehat{CAB} + \widehat{CBA} = 3\,\widehat{CAB} = 90^0$$

et par suite

$$\widehat{CAB} = 30^0.$$

Il en résulte que l'arc CB vaut 60^0 et que la corde CB est égale au côté de l'hexagone régulier inscrit dans le cercle.

Par conséquent $$CB = R$$
ou $$BD = R.$$

Pour avoir D, il suffit donc de prolonger AB d'une longueur égale au rayon.

2° Le volume engendré par le segment CMA en tournant autour de AB est égal au sixième d'un cylindre ayant AC pour rayon de base et la projection AH de AC sur AB pour hauteur, soit

$$V = \frac{1}{6}\pi \overline{AC}^2 \times AH.$$

Or, l'arc AC valant $180^0 - 60^0 = 120^0$, AC est le côté du triangle équilatéral inscrit dans le cercle et mesure $R\sqrt{3}$.

Dans le triangle rectangle ACB

$$\overline{AC}^2 = AB \times AH;$$

donc $$AH = \frac{\overline{AC}^2}{AB} = \frac{3R^2}{2R} = \frac{3R}{2}.$$

On en tire

$$V=\frac{1}{6}\pi\times 3R^2\times\frac{3R}{2}=\frac{3\pi R^3}{4}.$$

3° Le volume engendré par le triangle mixtiligne CBD est la différence entre la somme des cônes engendrés par le triangle COD et le secteur sphérique engendré par le secteur circulaire COB.

On a :

$$\text{vol. COD}=\frac{1}{3}\pi\overline{CH}^2\times OH+\frac{1}{3}\pi\overline{CH}^2\times HD$$

$$=\frac{1}{3}\pi\overline{CH}^2(OH+HD)$$

$$=\frac{1}{3}\pi\overline{CH}^2\times OD.$$

Or, dans le triangle rectangle CAB, on a

$$\overline{CH}^2=AH\times HB$$

$$=\frac{3R}{2}\times\frac{R}{2}=\frac{3R^2}{4}.$$

D'autre part

$$OD=OB+BD=2R.$$

Donc

$$\text{vol. COD}=\frac{1}{3}\pi\times\frac{3R^2}{4}\times 2R$$

$$=\frac{\pi R^3}{2}.$$

Le volume du secteur sphérique engendré par COB égale

$$\frac{2}{3}\pi R^2\times HB=\frac{2}{3}\pi R^2\times\frac{R}{2}$$

$$=\frac{\pi R^3}{3}.$$

Par conséquent

$$\text{vol. CBD}=\frac{\pi R^3}{2}-\frac{\pi R^3}{3}=\frac{\pi R^3}{6}.$$

---

93. Énoncé. — Dans une circonférence de rayon $OA=r$, on mène le rayon OB perpendiculaire à OA. Trouver sur l'arc AB un point M tel que, si l'on considère les volumes V

et V′ engendrés par les segments de cercle ACM, MDB tournant autour de OA et le volume V″ de la sphère de rayon r, on ait

$$\frac{1}{2}V + V' = \frac{1}{8}V''.$$

(*Aspirants, Lyon.*)

Solution. — Soit H le pied de la perpendiculaire abaissée de M sur OA. Posons $OH = x$.

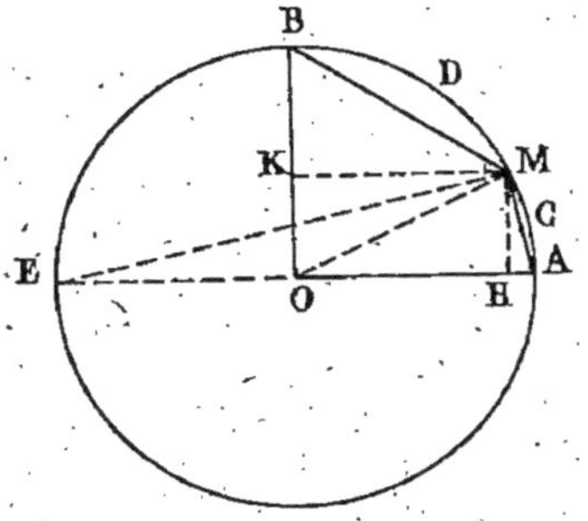

Fig. 104.

Le volume engendré par le segment ACM est égal au sixième d'un cylindre ayant pour rayon de base AM et pour hauteur AH, soit

$$V = \frac{1}{6}\pi\overline{AM}^2 \times AH.$$

De même, le volume engendré par le segment MDB est

$$V' = \frac{1}{6}\pi\overline{BM}^2 \times OH.$$

D'après l'hypothèse, on doit avoir

$$\frac{1}{12}\pi\overline{AM}^2 \times AH + \frac{1}{6}\pi\overline{BM}^2 \times OH = \frac{1}{8} \times \frac{4}{3}\pi r^3,$$

ou, en divisant les deux membres par $\frac{1}{6}\pi$,

$$\frac{1}{2}\overline{AM}^2 \times AH + \overline{BM}^2 \times OH = r^3. \qquad (1)$$

Le triangle rectangle AME qui a pour hypoténuse le diamètre AE donne

$$\overline{AM}^2 = AE \times AH$$
$$= 2r(r - x).$$

Menons MK parallèle à OH; le triangle rectangle BMK donne

$$\overline{BM}^2 = \overline{KM}^2 + \overline{BK}^2.$$

Or $$KM = OH = x$$

et $$BK = OB - OK$$
$$= r - MH.$$

Dans le triangle rectangle MOH, nous avons

$$\overline{MH}^2 = \overline{MO}^2 - \overline{OH}^2,$$

ou $$MH = \sqrt{r^2 - x^2};$$

donc $$BK = r - \sqrt{r^2 - x^2}$$

et par suite $$\overline{BM}^2 = x^2 + (r - \sqrt{r^2 - x^2})^2$$

$$= x^2 + r^2 + r^2 - x^2 - 2r\sqrt{r^2 - x^2}$$

$$= 2r^2 - 2r\sqrt{r^2 - x^2}.$$

L'égalité (1) peut s'écrire

$$r(r - x)(r - x) + \left(2r^2 - 2r\sqrt{r^2 - x^2}\right)x = r^3$$

soit en effectuant et simplifiant

$$x^2 - 2x\sqrt{r^2 - x^2} = 0,$$

ou $$x^2 = 2x\sqrt{r^2 - x^2}.$$

Nous pouvons diviser les deux membres de cette équation par x, qui n'est pas nul, il vient

$$x = 2\sqrt{r^2 - x^2}, \qquad (2)$$

soit, en élevant les deux membres au carré,

$$x^2 = 4r^2 - 4x^2$$

ou enfin $$5x^2 = 4r^2.$$

Nous en tirons $$x = \frac{2r}{\sqrt{5}} = \frac{2r\sqrt{5}}{5}.$$

Cette racine convient à l'équation (2) puisqu'elle rend les deux membres positifs.

Géométriquement on peut obtenir le point H en construisant une longueur x moyenne proportionnelle entre r et $\frac{4r}{5}$; il suffit d'élever une perpendiculaire en H à OA pour avoir le point M.

---

94. Énoncé. — Dans une sphère de diamètre $AB = 2r$, déterminer la hauteur $BE = x$ (placer E sur AB) d'un segment sphérique à une base CED, de manière que le volume du cône circulaire droit ACD soit équivalent au volume du segment sphérique. (*Aspirants, Aix.*)

SOLUTION. — Le volume du segment sphérique CED est égal à celui d'une sphère ayant pour diamètre EB, plus la moitié de celui d'un cylindre ayant pour rayon de base EC et pour hauteur EB,

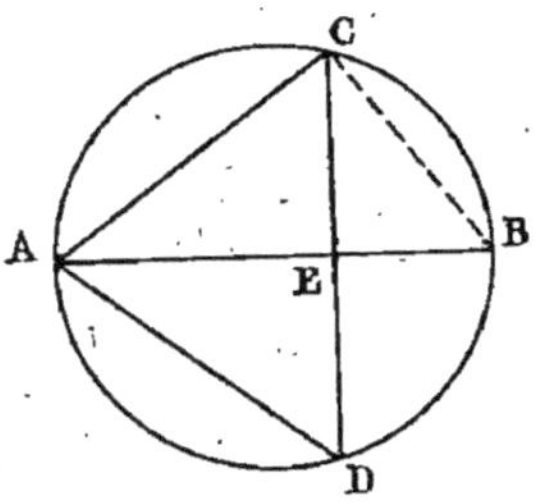

Fig. 105.

soit

$$\frac{1}{6}\pi\overline{EB}^3 + \frac{1}{2}\pi\overline{EC}^2.EB.$$

Le volume du cône CAD est égal à

$$\frac{1}{3}\pi\overline{EC}^2.EA.$$

On a donc, par hypothèse,

$$\frac{1}{6}\pi\overline{EB}^3 + \frac{1}{2}\pi\overline{EC}^2.EB = \frac{1}{3}\pi\overline{EC}^2.EA$$

ou, en divisant les deux membres par $\frac{1}{6}\pi$,

$$\overline{EB}^3 + 3\overline{EC}^2.EB = 2\overline{EC}^2.EA.$$

Or, ACB est un triangle rectangle dans lequel on a

$$\overline{EC}^2 = EB.EA$$
$$= x(2R - x).$$

On peut donc écrire l'équation

$$x^3 + 3x(2R - x)x = 2x(2R - x)(2R - x)$$

ou en divisant les deux membres par x, qui est différent de zéro, et en effectuant

$$x^2 + 6Rx - 3x^2 = 8R^2 + 2x^2 - 8Rx,$$

soit enfin

$$2x^2 - 7Rx + 4R^2 = 0.$$

Les racines de cette équation sont

$$x = \frac{7R \pm \sqrt{49R^2 - 32R^2}}{4}$$
$$= \frac{R(7 \pm \sqrt{17})}{4}.$$

Pour que l'une de ces racines convienne au problème, il faut qu'elle soit inférieure à 2R.

La plus grande ne convient pas, car l'on a :

$$\frac{7+\sqrt{17}}{4}=\frac{7+4,1231}{4}>2.$$

La solution cherchée est donc

$$x=\frac{R(7-4,1231)}{4}=0,7192\,R.$$

---

95. Énoncé. — On donne un quart de cercle AOB de centre O et de rayon OA = R. Déterminer sur l'arc AB un point M tel que, en abaissant la perpendiculaire MC sur OA et la perpendiculaire MD sur OB, les volumes engendrés par la partie MDB du quart de cercle et le rectangle MCOD en tournant autour de OB soient équivalents.

(*Aspirants, Lyon.*)

Solution. — Soit M le point cherché ; il peut être déterminé si l'on connaît $BD = x$.

Le solide engendré par la figure MDB en tournant autour de OB est un segment sphérique à une base ; son volume égale

$$\frac{1}{6}\pi\overline{BD}^3+\frac{1}{2}\pi\overline{DM}^2\times BD.$$

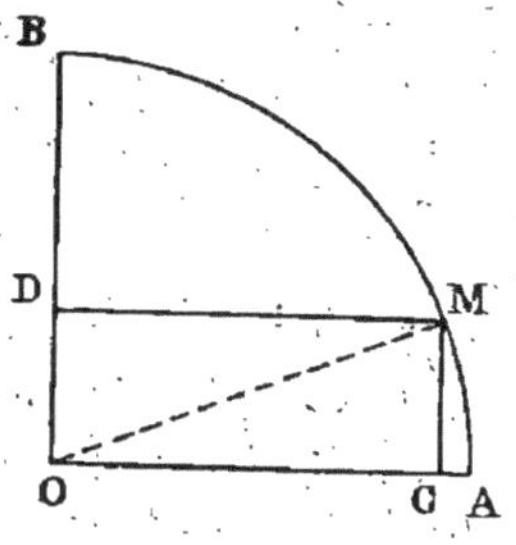

Fig. 106.

Le rectangle ODMC engendre un cylindre dont le volume est

$$\pi\overline{DM}^2\times OD.$$

D'après l'hypothèse on a

$$\frac{1}{6}\pi\overline{BD}^3+\frac{1}{2}\pi\overline{DM}^2\times BD=\pi\overline{DM}^2\times OD,$$

ou, en divisant les deux membres par $\frac{1}{6}\pi$,

$$\overline{BD}^3+3\overline{DM}^2\times BD=6\overline{DM}^2\times OD. \qquad (1)$$

Or, $$OD = R - x$$

et le triangle rectangle ODM donne

$$\overline{DM}^2 = \overline{OM}^2 - \overline{OD}^2$$
$$= R^2 - (R-x)^2 = 2Rx - x^2.$$

En substituant ces valeurs dans (1), on obtient l'équation

$$x^3 + 3(2Rx - x^2)x = 6(2Rx - x^2)(R - x)$$

que l'on peut écrire en divisant les deux membres par x, évidemment différent de zéro, et en effectuant

$$x^2 + 6Rx - 3x^2 = 12R^2 - 18Rx + 6x^2,$$

soit enfin, en ordonnant et simplifiant par 4,

$$2x^2 - 6Rx + 3R^2 = 0.$$

Cette équation a deux racines données par la formule

$$x = \frac{3R \pm \sqrt{9R^2 - 6R^2}}{2}$$

$$= \frac{R(3 \pm \sqrt{3})}{2}.$$

La plus grande est évidemment supérieure à R; elle ne convient pas au problème.

La solution cherchée est donc

$$x = \frac{R(3 - \sqrt{3})}{2} = 0{,}634\,R.$$

---

96. Énoncé. — On donne un triangle rectangle ABC dont l'angle aigu $B = 30°$. Du point B comme centre avec BA pour rayon on décrit l'arc de cercle AE; du point C, sommet du 2e angle aigu, comme centre, on décrit l'arc AD. Calculer l'aire et le périmètre de la figure ombrée DAE, l'aire engendrée par les deux arcs tournant autour de BC et le volume engendré par la figure ombrée. $BC = 1$ mètre.

(*Aspirants, Alger.*)

SOLUTION. — 1° L'aire ADE est décomposée par la hauteur AH du triangle en deux parties. On a

aire ADH = aire secteur ACD
— aire triangle ACH,

aire AEH = aire secteur ABE
— aire triangle ABH.

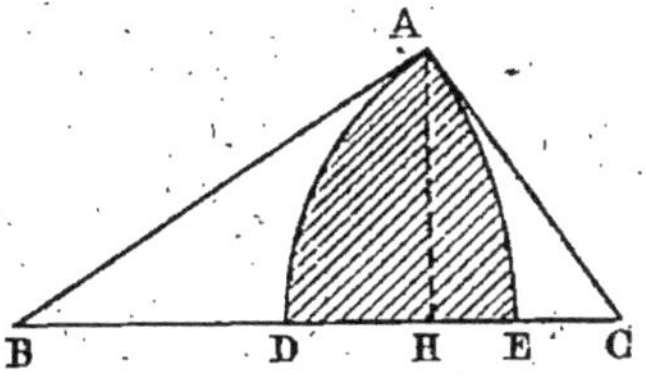

Fig. 107.

Donc

aire ADE = aire secteur ACD
+ aire secteur ABE
— aire triangle ABC.

L'angle du secteur ACD vaut 60° et son rayon est AC ; par suite,

$$\text{aire sect. ACD} = \pi\overline{AC}^2 \times \frac{60}{360} = \frac{1}{6}\pi\overline{AC}^2.$$

Or, l'angle B du triangle rectangle valant 30°, AC est la moitié de l'hypoténuse BC, ou $AC = \frac{a}{2}$.

Donc $$\text{aire sect. ACD} = \frac{1}{6}\pi\frac{a^2}{4} = \frac{\pi a^2}{24}.$$

L'angle du secteur ABE vaut 30° et son rayon AB ; par suite,

$$\text{aire sect. ABE} = \pi\overline{AB}^2 \times \frac{30}{360} = \frac{1}{12}\pi\overline{AB}^2.$$

Or, le triangle ABC donne

$$\overline{AB}^2 = \overline{BC}^2 - \overline{AC}^2$$
$$= a^2 - \frac{a^2}{4} = \frac{3a^2}{4}.$$

Donc $$\text{aire sect. ABE} = \frac{1}{12}\pi \times \frac{3}{4}a^2 = \frac{\pi a^2}{16}.$$

Enfin $$\text{aire ABC} = \frac{1}{2}AB \times AC$$
$$= \frac{1}{2}\frac{a\sqrt{3}}{2} \times \frac{a}{2} = \frac{a^2\sqrt{3}}{8}.$$

L'aire de la partie ombrée est égale à

$$\frac{\pi a^2}{24} + \frac{\pi a^2}{16} - \frac{a^2\sqrt{3}}{8} = \frac{a^2}{48}(5\pi - 6\sqrt{3}).$$

Pour $a = 1^m$, on trouve

$$\frac{5\pi - 6\sqrt{3}}{48} = 0^{m^2},1107.$$

2° Le périmètre de la figure ombrée est égale à

$$\text{arc } AD + \text{arc } AE + DE.$$

Or,
$$\text{arc } AD = \frac{\pi AC \times 60}{180} = \frac{\pi a}{6},$$

$$\text{arc } AE = \frac{\pi AB \times 30}{180} = \frac{\pi a\sqrt{3}}{12},$$

$$DE = BE - BH + CD - CH$$
$$= AB + AC - BC$$
$$= \frac{a\sqrt{3}}{2} + \frac{a}{2} - a = \frac{a(\sqrt{3}-1)}{2}.$$

Donc le périmètre est égal à

$$\frac{\pi a}{6} + \frac{\pi a\sqrt{3}}{12} + \frac{a(\sqrt{3}-1)}{2} = \frac{\pi a(2+\sqrt{3})}{12} + \frac{a(\sqrt{3}-1)}{2}$$

Pour $a = 1^m$ on trouve

$$\frac{\pi(2+\sqrt{3})}{12} + \frac{\sqrt{3}-1}{2} = 1^m,343.$$

3° En tournant autour de BC, les arcs AD et AE engendrent des zones ayant respectivement pour rayons AC et AB, et pour hauteurs DH et HE.

On a
$$\text{zone } AD = 2\pi AC \times DH$$
et
$$\text{zone } AE = 2\pi AB \times HE.$$

Or,
$$DH = CD - HC$$
et
$$HE = BE - BH.$$

Dans le triangle rectangle ABC, on a

$$\frac{BH}{HC} = \frac{\overline{AB}^2}{\overline{AC}^2} = \frac{\frac{3a^2}{4}}{\frac{a^2}{4}} = 3,$$

ou
$$BH = 3HC,$$
et
$$BH + HC = a.$$

On en déduit aisément

$$BH = \frac{3}{4}a \quad \text{et} \quad HC = \frac{a}{4}:$$

Par conséquent,

$$\text{zone } AD = 2\pi \times \frac{a}{2}\left(\frac{a}{2} - \frac{a}{4}\right)$$

$$= \pi a \times \frac{a}{4} = \frac{\pi a^2}{4}$$

$$\text{zone } AE = 2\pi \times \frac{a\sqrt{3}}{2}\left(\frac{a\sqrt{3}}{2} - \frac{3a}{4}\right)$$

$$= \pi a\sqrt{3} \times \frac{a(2\sqrt{3} - 3)}{4} = \frac{3\pi a^2(2 - \sqrt{3})}{4}$$

L'aire totale est égale à

$$\frac{\pi a^2}{4} + \frac{3\pi a^2(2 - \sqrt{3})}{4} = \frac{\pi a^2(7 - 3\sqrt{3})}{4}.$$

Pour $a = 1^m$ on trouve

$$\frac{\pi(7 - 3\sqrt{3})}{4} = 1^{m^2},4167.$$

4° Le volume engendré par la figure ombrée est la somme des deux segments sphériques à une base engendrés par ADH et AEH.

On a $$\text{vol. } ADH = \frac{1}{6}\pi\overline{DH}^3 + \frac{1}{2}\pi\overline{AH}^2.DH.$$

Or, $$DH = \frac{a}{2} - \frac{a}{4} = \frac{a}{4}.$$

et, AH étant la hauteur du triangle rectangle ABC,

$$\overline{AH}^2 = BH \times CH$$

$$= \frac{3a}{4} \times \frac{a}{4} = \frac{3a^2}{16}.$$

Donc $$\text{vol. } ADH = \frac{1}{6}\pi\frac{a^3}{64} + \frac{1}{2}\pi \times \frac{3a^2}{16} \times \frac{a}{4}$$

$$= \frac{\pi a^3}{384} + \frac{3\pi a^3}{128} = \frac{5\pi a^3}{192}.$$

De même : $$\text{vol. } AEH = \frac{1}{6}\pi\overline{EH}^3 + \frac{1}{2}\pi\overline{AH}^2.EH.$$

Or,
$$\mathrm{EH} = \frac{a\sqrt{3}}{2} - \frac{3a}{4} = \frac{a(2\sqrt{3}-3)}{4}$$

et
$$\overline{\mathrm{EH}}^3 = \frac{a^3}{64}(24\sqrt{3} - 108 + 54\sqrt{3} - 27)$$
$$= \frac{a^3(78\sqrt{3} - 135)}{64}.$$

Donc
$$\text{vol. AEH} = \frac{\pi a^3(78\sqrt{3} - 135)}{6 \times 64} + \frac{1}{2}\pi \times \frac{3a^2}{16} \times \frac{a(2\sqrt{3}-3)}{4}$$
$$= \frac{\pi a^3(78\sqrt{3} - 135 + 18\sqrt{3} - 27)}{6 \times 64}$$
$$= \frac{\pi a^3(16\sqrt{3} - 27)}{64}.$$

Le volume entier est égal à

$$\frac{5\pi a^3}{192} + \frac{\pi a^3(16\sqrt{3} - 27)}{64} = \frac{\pi a^3(5 + 48\sqrt{3} - 81)}{192}$$
$$= \frac{\pi a^3(12\sqrt{3} - 19)}{48}.$$

Pour $a = 1^{m}$, on trouve

$$\frac{\pi(12\sqrt{3} - 19)}{48} = 0^{m^3},1168.$$

---

5. — PROGRESSIONS, INTÉRÊTS COMPOSÉS ET ANNUITÉS

97. Énoncé. — Dans une progression arithmétique, on donne le nombre des termes 17, la somme des termes 595, et le produit des termes extrêmes 201. Trouver le premier et le dernier terme, ainsi que la raison.

Calculer le rayon du cercle inscrit dans un triangle équilatéral dont le périmètre serait égal à la somme des circonférences ayant pour rayons les termes de la progression arithmétique précédente. (*Aspirants, Aix.*)

Solution. — 1° Soient a et l le premier et le dernier terme, r, la raison.

La somme des termes est égale à

$$\frac{a+l}{2}\times 17.$$

On a donc l'équation

$$\frac{a+l}{2}\times 17=595$$

de laquelle on tire

$$a+l=\frac{595\times 2}{17}=70.$$

Or, par hypothèse

$$al=201;$$

a et l sont donc les racines de l'équation

$$x^2-70x+201=0.$$

Ces racines sont données par la formule

$$x=35\pm\sqrt{1225-201}$$
$$=35\pm 32.$$

Si l'on suppose la progression croissante, le premier terme est

$$a=35-32=3$$

et le dernier

$$l=35+32=67.$$

En la supposant décroissante, on aurait

$$a=67 \quad \text{et} \quad l=3.$$

Pour calculer la raison, on écrit que le dernier terme est égal au premier augmenté d'autant de fois la raison qu'il a de termes avant lui,
soit dans le premier cas

$$67=3+16r$$

d'où l'on tire

$$r=\frac{67-3}{16}=4,$$

et dans le deuxième

$$3=67+16r,$$

d'où l'on tire

$$r = \frac{3 - 67}{16} = -4.$$

2° Soient $a, b, c \dots l$, les termes de la progression arithmétique.

Les circonférences ayant des rayons égaux à $a, b, c\dots$ mesureraient respectivement

$$2\pi a, \quad 2\pi b, \quad 2\pi c\dots \quad 2\pi l.$$

Donc le périmètre du triangle équilatéral considéré est égal à

$$2\pi(a + b + c\dots + l) = 2\pi \times 595$$
$$= 1190\pi,$$

et la longueur d'un de ses côtés est

$$\frac{1190\pi}{3}.$$

Or, le rayon du cercle inscrit dans un triangle équilatéral est le tiers d'une hauteur, et la hauteur h est donnée par la formule

$$h = \frac{\alpha\sqrt{3}}{2},$$

α désignant le côté.

On a donc

$$r = \frac{\alpha\sqrt{3}}{6} = \frac{1190\pi\sqrt{3}}{18}$$
$$= \frac{595\pi\sqrt{3}}{9} = 359,736$$

---

98. Énoncé. — Une personne, pour se constituer un capital, a versé chez un banquier au 1er janvier 1906, une somme exprimée en francs et égale à a. Le premier jour de chaque année suivante, elle a versé de plus que l'année précédente une somme égale à b. Trouver l'expression A du capital ainsi constitué au 31 décembre 1909, en supposant les intérêts capitalisés tous les ans au taux de 4 pour 100 par an.

Faire le calcul de A lorsque $a = 800^{f}$ et $b = 200^{f}$.

(*Aspirants, Lille.*)

Solution. — Soit r l'intérêt de 1[f] par an.

La première somme a est placée à intérêts composés pendant 4 ans et devient

$$a(1+r)^4.$$

La deuxième, $a+b$, est placée pendant 3 ans et devient

$$(a+b)(1+r)^3 = a(1+r)^3 + b(1+r)^3.$$

La troisième, $a+2b$, est placée pendant 2 ans et devient

$$(a+2b)(1+r)^2 = a(1+r)^2 + 2b(1+r)^2.$$

Enfin la dernière, $a+3b$, est placée pendant un an et devient

$$(a+3b)(1+r) = a(1+r) + 3b(1+r).$$

Le capital constitué au bout de 4 ans est donc

$$\begin{aligned} A = & \ a(1+r)^4 + a(1+r)^3 + a(1+r)^2 + a(1+r) \\ & + b(1+r)^3 + 2b(1+r)^2 + 3b(1+r). \end{aligned}$$

L'expression

$$a(1+r) + a(1+r)^2 + a(1+r)^3 + a(1+r)^4$$

forme une progression géométrique dont le premier terme est $a(1+r)$ et la raison $1+r$; cette somme vaut

$$\frac{a(1+r)[(1+r)^4-1]}{1+r-1} = \frac{a(1+r)[(1+r)^4-1]}{r}.$$

L'expression

$$b(1+r)^3 + 2b(1+r)^2 + 3b(1+r)$$

peut s'écrire

$$\begin{aligned} & b(1+3r+3r^2+r^3+2+4r+2r^2+3+3r) \\ & = b(6+10r+5r^2+r^3). \end{aligned}$$

On a donc

$$A = \frac{a(1+r)[(1+r)^4-1]}{r} + b(6+10r+5r^2+r^3)$$

ou, en remplaçant $(1+r)^4$ par $1+4r+6r^2+4r^3+r^4$ et en divisant les deux termes de la fraction par r,

$$A = a(1+r)(4+6r+4r^2+r^3) + b(6+10r+5r^2+r^3).$$

Si $r = 0{,}04$

$$\begin{aligned} A & = a \times 1{,}04 \times 4{,}246464 + b \times 6{,}408064 \\ & = a \times 4{,}41632256 + b \times 6{,}408064. \end{aligned}$$

Si $a = 800^f$ et $b = 200^f$ on trouve

$$A = 3533^f058 + 1281^f,612 = 4814^f,67.$$

---

99. ÉNONCÉ. — Une commune emprunte au Crédit Foncier une somme de 32500^f pour la construction d'un groupe scolaire, et elle s'engage à rembourser cette somme en 30 paiements égaux et annuels. On demande :

1° Quel sera le montant de chaque versement si l'intérêt est calculé à $4\frac{1}{2}$ pour 100.

2° Quel est le nombre de centimes extraordinaires que le Conseil municipal devra voter pour faire face à cette dépense annuelle si le centime communal vaut 140^f.

(*Aspirants, Bordeaux.*)

SOLUTION. — 1° Soient A la dette à amortir, a l'annuité, n le nombre d'annuités, r l'intérêt de 1^f pour 1 an.

En n années, la dette devient

$$A(1 + r)^n.$$

Les n versements égaux rapportent intérêt respectivement pendant $n - 1$, $n - 2$,... 1 années, sauf le dernier qui est fait le jour du règlement ; ils deviennent donc respectivement

$$a(1 + r)^{n-1}, \quad a(1 + r)^{n-2}, \ldots \quad a(1 + r), a.$$

Leur somme peut s'écrire

$$a + a(1 + r) + \ldots + a(1 + r)^{n-2} + a(1 + r)^{n-1};$$

c'est une progression géométrique de n termes dont le premier terme est a et la raison $1 + r$; cette somme est égale à

$$\frac{a[(1 + r)^n - 1]}{1 + r - 1} = \frac{a[(1 + r)^n - 1]}{r}.$$

On a donc l'égalité

$$A(1 + r)^n = \frac{a[(1 + r)^n - 1]}{r},$$

de laquelle on déduit

$$a = \frac{Ar(1 + r)^n}{(1 + r)^n - 1},$$

formule que l'on peut écrire en divisant les deux termes du 2e membre par $(1+r)^n$

$$a = \frac{Ar}{1 - \left(\frac{1}{1+r}\right)^n}.$$

Si $A = 32500$, $r = 0{,}045$ et $n = 30$, on trouve

$$a = \frac{32500 \times 0{,}045}{1 - \left(\frac{1}{1{,}045}\right)^{30}}.$$

Les tables[1], donnent

$$\left(\frac{1}{1{,}045}\right)^{30} = 0{,}267.$$

On a donc

$$a = \frac{32500 \times 0{,}045}{1 - 0{,}267} = 1995^f{,}22.$$

2° Par hypothèse, 1 centime additionnel peut rapporter 140^f. Pour obtenir 1995^f, 22, il faut

$$1^c \times \frac{1995.22}{140} = 14^c{,}25.$$

---

100. Énoncé. — Une commune a fait construire un groupe scolaire qui est achevé le 1er janvier 1907. Elle peut s'acquitter envers l'entrepreneur soit en lui payant $28\,480^f$ le 1er janvier 1910, soit en lui versant 30 annuités dont la première est exigible le 1er janvier 1908. Elle se décide en faveur de ce dernier mode de paiement. Quel sera le montant de l'annuité si l'on tient compte des intérêts composés à 4 pour 100? (*Aspirants, Toulouse.*)

Solution. — La première annuité étant versée le 1er janvier 1908, la trentième l'est le 1er janvier 1937.

Soit a le montant de chaque annuité. En appelant r l'intérêt de 1^f par an, on peut écrire que la première annuité, placée pendant 29 ans, devient

$$a(1+r)^{29}.$$

1. Voir Dupuis, page 136. Librairie Hachette.

De même les suivantes deviennent respectivement

$$a(1+r)^{28}, \quad a(1+r)^{27}\ldots \quad a(1+r), \quad a,$$

la dernière ne rapportant aucun intérêt.

Leur somme est égale à

$$a+a(1+r)+\ldots+a(1+r)^{27}+a(1+r)^{28}+a(1+r)^{29},$$

soit la somme des termes d'une progression géométrique de 30 termes, dont la raison est $1+r$ et le premier terme a.

Cette somme est égale à

$$\frac{a[(1+r)^{30}-1]}{1+r-1}=\frac{a[(1+r)^{30}-1]}{r}.$$

Or, le 1er janvier 1937, la dette, qui valait 28480f le 1er janvier 1910, vaut

$$28480(1+r)^{27}.$$

On a donc l'équation

$$\frac{a[(1+r)^{30}-1]}{r}=28480(1+r)^{27}$$

de laquelle on tire

$$a=\frac{28480\times r(1+r)^{27}}{(1+r)^{30}-1}$$

soit, en remplaçant r par 0,04,

$$a=\frac{28480\times 0{,}04\times 1{,}04^{27}}{1{,}04^{30}-1}.$$

On trouve dans les tables

$$1{,}04^{27}=2{,}883369$$

et

$$1{,}04^{30}=3{,}243398.$$

Donc

$$a=\frac{28480\times 0{,}04\times 2{,}883369}{3{,}243398-1}=1464^{f},47.$$

TABLE DES MATIÈRES

64768. — Paris, Imprimerie Lahure, 9, rue de Fleurus.

Librairie HACHETTE et Cie, boul. Saint-Germain [illegible]

OUVRAGES

[illegible]

AU BREVET SUP[illegible]

Les Auteurs Français [illegible]

Les Auteurs Allemands [illegible]

Les Auteurs Anglais [illegible]

[illegible]

[illegible] — Imprimerie [illegible]